优秀传统文化立德树人系列丛书

《中庸》的智慧

总策划 ◎ 杨华山 徐建立 吴兆奎
主 编 ◎ 王兆雷 范治刚 邹兴明
副主编 ◎ 杨文跃 戴有山 郝 强

中国旅游出版社

项目策划：段向民
责任编辑：武　洋
责任印制：钱　宬
封面设计：武爱听

图书在版编目（CIP）数据

《中庸》的智慧/王兆雷，范治刚，邹兴明主编；杨文跃，戴有山，郝强副主编. -- 北京：中国旅游出版社，2023.11

（中华优秀传统文化立德树人系列丛书）

ISBN 978-7-5032-7224-0

Ⅰ.①中… Ⅱ.①王…②范…③邹…④杨…⑤戴…⑥郝… Ⅲ.①《中庸》—通俗读物 Ⅳ.①B222.1-49

中国国家版本馆CIP数据核字(2023)第213165号

书　　名：	《中庸》的智慧
主　　编：	王兆雷　范治刚　邹兴明
副 主 编：	杨文跃　戴有山　郝　强
出版发行：	中国旅游出版社
	（北京静安东里6号　邮编：100028）
	http://www.cttp.net.cn　E-mail:cttp@mct.gov.cn
	营销中心电话：010-57377108，010-57377109
	读者服务部电话：010-57377151
排　　版：	小武工作室
经　　销：	全国各地新华书店
印　　刷：	北京工商事务印刷有限公司
版　　次：	2023年11月第1版　2023年11月第1次印刷
开　　本：	720毫米×970毫米　1/16
印　　张：	10
字　　数：	146千
定　　价：	40.00元
ISBN	978-7-5032-7224-0

版权所有　翻印必究

如发现质量问题，请直接与营销中心联系调换

PREFACE | 序

绵延中华文化的道德素养　凝聚社会共识力量

南宋末年著名画家郑所南在《兰花》中画了一幅无根的兰花，花叶萧条，没有根系和土地，寓意着宋朝的土地被元朝掠夺。警示后人千万不要忘记了中华民族的文化根基。文化根基关乎世道人心，治乱兴衰。钱穆先生在《文化与教育》中有一个经典的论述：中国人的终极理想，则是"天下太平""世界大同"，而达于"天人合一"。因此，在中国人的想象中，民族界限，不该是一条不可泯灭的界限；而信仰冲突，亦不是一种不可解消的冲突。

这就是中华文化绵延不绝的历史密码。文化根基事关自己的人生大道，许多人因为不知道自己这一生的人生大道和人生使命是什么，而活得内心焦虑，惶恐不安。以至于把自己有灵性的人生过得支离破碎，甚至糟蹋自己的生命、让含辛茹苦的父母和自己一起受辱，自己的人生过得也很委屈和不安。"大道之行，天下为公。"道是什么？"得道者多助，失道者寡助""上士闻道，勤而行之；中士闻道，若存若亡；下士闻道，大笑之，不笑不足以为道。"王阳明对道的解释：道即是良知。如何寻找到人生的大道，这是人生的价值和意义所在。小到个人，大到国家，道理都是一样的。

"学问之道无他，求得放心而已矣。"学问如何能做到让父母放心、求得自己良心的放心？这是我们必须面对的一个教育问题、文化问题、价值观问题。中华优秀传统文化源远流长，绵延不绝。元朝、明朝和清朝时期，朝廷将朱熹的《四书章句集注》规定为科举考试的教科书。中华文化发展史已经表明，《四书》是中华文化的根基所在，也是中华文化的曙光所在。只有深刻领悟了人生大道、人生使命、家国情怀、学问的责任等这些问题，我们才能做到"道之所在，虽千万人，吾往矣！"的气势与豪迈。

学者，"觉"也，学习的目的是觉悟和觉醒。教育的目的是启发和引导学生成为栋梁之材。很多人在小学、初中、高中、大学、研究生等阶段不断学习知识，但却出现了"有知识、没文化"的社会现象。如何化解这种尴尬？本书作者建议在义务教育阶段，应该进行中华文化智慧的普及，中华文化关于道德引导、价值观、人生观、世界观、爱国主义、家国情怀以及人格尊严的教育和引导。如果步入社会后再教育，就会呈现碎片化的现象，如果青少年在成长过程中养成了不良习惯，长大后就很难改变。如果成为问题少年和青年，对家庭、对自己、对社会来说都是一种悲哀，应该引起教育部门的注意，这就是教育的重要性。

《中庸》强调"故大德者必得其位、必得其禄、必得其名、必得其寿，大德者必受命"。从这些观点中，我们完全可以做到文化自信：中华民族是世界上最讲道德的民族，也是世界上最重视教育的民族，还是世界上唯一一个文化没有中断的民族。这就是人生中"道"和"德"的关系。对道德和文化的向往就是一种信念和能量，将这种信念和能量汇聚起来，就是用文化来凝聚人心、凝聚民心、凝聚力量。

在信息泛滥的时代，如果没有稳定的价值观，人们就会被时代风气所裹挟，从而变得浮躁和惶恐，情绪也会变得极其不稳定。我们如何控制情绪？如何控制自己的喜怒哀乐？学会控制自己的情绪，从而能做到关爱生命、敬畏生命、仁者爱人、视民如伤。情绪管理、敬业乐群是一种能力。这些道理，步入社会再学习就晚了，教育如何能做到文化自信？如何能铸牢中华民族共同体意识的教育，从而能做到同心同德、群策群力来化解百年未有之变局的能力，而不是一味地抱怨，这是有良知

的读书人应该关心的重大使命。

仲尼曰:"君子中庸,小人反中庸。"中庸强调不偏激、不走极端、不被自己的情绪所裹挟、宁静致远、斟酌至善。遇到事情能保持中正平和、心平气和地去化解问题。"喜怒哀乐之未发,谓之中。发而皆中节,谓之和。"意思是说,喜怒哀乐各种情绪没有表现出来的时候,叫作中。表现出来以后符合分寸,叫作和。"中也者,天下之大本也;和也者,天下之达道也。致中和,天地位焉,万物育焉。"意思是:中是天下的根本;和是天下普遍遵循的规律。达到中和的境界,天地便会各在其位,万物就能生长发育了。

本书从三个角度解读了"极高明而道中庸"的方法论。上篇论述了育儿女、正家风的中庸智慧;中篇论述了知礼仪、讲诚信的社会智慧;下篇论述了致中和、万物育的治国智慧并进行了全方位的解读,作者用守正创新、与时俱进的方法推动中华文明如何实现创造性转化和创新性发展,秉承善可为法、恶可为戒、教书育人、扶正人心的教育精神,值得我们学习。

《〈中庸〉的智慧》一书即将出版,邀请我作序,绵延和弘扬中华优秀传统文化的智慧,任重而道远,如"高山仰止、景行行止,虽不能至,然心向往之"。是为序!

杨华山
2023年5月1日于北京

PREFACE 前言

党的十九大强调，文化是一个国家、一个民族的灵魂。文化兴，国运兴，文化强，民族强。没有高度的文化自信，没有文化的繁荣兴盛，就没有中华民族伟大复兴。由此可见，文化复兴事关民族复兴。中华文化源远流长，博大精深。这些流传了千年的经典著作都围绕着两个主题：治乱兴衰的历史借鉴和世道人心的修齐治平。经者，径也，阅读经典的著作是成才的一个路径。

四书五经已经成为我们家喻户晓的一个成语，四书指的是：《大学》《论语》《孟子》《中庸》。四书之称开始于南宋朱熹的《四书章句集注》。五经指的是《周易》《尚书》《诗经》《礼记》《春秋》。五经之称开始于汉武帝时期设置的五经博士。四书五经是儒家的经典著作。如何绵延和弘扬中华优秀传统文化的智慧，在新时代建功立业，一代大儒朱熹给出的建议：先读《大学》，定其规模。次读《论语》，定其根本。再读《孟子》，观其发越。后读《中庸》，以求方法和智慧的微妙之处。

我们进入了信息社会，海量的资讯让人应接不暇，物质的相对拥有并没有给我们带来精神的愉悦和内心的充实。一个人的幸福感、安全感、获得感一定包含精神的愉悦和内心的充实。如何才能实现这一理想？这是现代人常常纠结的病症所在。"吾有何病，圣人便有何药来医。"这个药方是什么？朱熹给出了答案：自古圣贤相传，只是理会一个心，心只是一个性，性只是有个仁义礼智。这就需要我们安下心来去领悟"求得

放心"。文化传承有一个特点，凡是经过百年检验的书籍，如果还有生命力，这本书就值得我们去学习和研究。四书五经经过两千多年的历史检验，至今还闪耀着中华民族先贤的智慧。国学大师钱穆有一个忠告：所谓对其本国已往历史略有所知者，尤必附随一种对本国以往历史之温情与敬意。

面对百年未有之大变局，随着互联网的普及，各种新思潮、新观点、新说法层出不尽，让人眼花缭乱，真假难辨。秉承春秋笔法的原则，如何思辨，这是问题的本质。只有这样，才能做到"乱云飞渡仍从容"。

极高明而道中庸。那么，中庸高明在什么地方？朱熹建议"读《中庸》以求方法和智慧的微妙之处"。中国传统文化认为：以德行言之，则曰中庸。以性情言之，则曰中和。由此可见，涵养德行与中庸这个方法论有关系。人的禀赋不同，性情、性格、气质、脾气如果能用中和这个方法论来引导和教育，资质平平者也可以有所作为。何况是良质良才？

秉持"善教得民心"的初心和使命，抱着敬畏之心，经过多年的如琢如磨，译注了《〈中庸〉的智慧》一书。该书没有按照《中庸》原文的顺序解读，有些篇章学习和参照了中华书局出版的《大学·中庸》一书（王国轩先生译注，2006年9月第一版）。抱着继往圣、开来学的谦和态度，不足之处，还需要社会各界同人指正为盼。全书从三个角度解读了《中庸》的智慧。分别是：育儿女、正家风；知礼仪，讲诚信；致中和，万物育。解读的原则还是中华文化强调的：格物、致知、诚意、正心、修身、齐家、治国、平天下。在阅读本书过程中，能求得方法和智慧的微妙之处，就是在践行新时代教育的理念：立德树人。

王兆雷

2023年3月1日

CONTENTS | 目 录

上篇　育儿女、正家风：中庸的教育智慧

一　中庸给我们指明了教育的方向……………………………………… 2
二　中庸教育我们如何控制情绪………………………………………… 6
三　中庸要求我们应该多一些敬畏生命的教育………………………… 10
四　中庸要求君子遵道而行……………………………………………… 14
五　中庸教家长如何陪伴孩子度过青春期……………………………… 18
六　中庸教育我们"大德者必受命"…………………………………… 23
七　中庸指引我们如何坚守与人为善这个传统观念…………………… 26
八　学习中庸后，资质平平者也可以有所建树………………………… 29
九　中庸教会我们如何实现"知识—文化—智慧"的融通…………… 33
十　中庸教育我们如何心平气和地引导孩子…………………………… 37
十一　中庸教育我们如何知仁、知义、知礼…………………………… 40
十二　中庸为什么要强调家庭责任的重要性…………………………… 43

中篇　知礼仪、讲诚信：中庸的社会智慧

一　中庸关于礼仪教育的论述…………………………………………… 48
二　中庸关于诚信的论述………………………………………………… 52
三　中庸为什么强调"至诚之道"……………………………………… 57
四　中庸教育我们如何识民心…………………………………………… 60

五　中庸"隐恶而扬善"的教化意义	64
六　中庸为什么说"君子中庸，小人反中庸"	66
七　中庸强调"择善而固执"有什么深刻含义	70
八　中庸为什么强调"凡事预则立，不预则废"	72
九　极高明而道中庸	76
十　千万不能背离圣人孔子关于教育的常识	82
十一　善政得民财　善教得民心	85
十二　社会风气与培养人才的关系	87

下篇　致中和、万物育：中庸的治国智慧

一　中庸关于家国情怀的经典论述	92
二　中庸"小德川流，大德敦化"有什么教育意义	97
三　中庸"车同轨、书同文、行同伦"的历史先进性	102
四　中庸方法论关于德治与法治的理性思考	106
五　中和位育是一种价值观念	109
六　中国传统社会的士大夫精神	112
七　中华文化的道德修养	116
八　铸牢中华民族共同体意识	119
九　让青少年远离游戏伤害	123
十　乡村振兴要提高人民群众的公德意识和文化素养	126
十一　"民主为民、科技向善"是中华民族为世界贡献的智慧	129
十二　中华文化对世界文化的贡献	136

附录　《中庸》全文	140
后　记	148

上篇

育儿女、正家风：中庸的教育智慧

一

中庸给我们指明了教育的方向

《中庸》开篇第一句话强调：天赋与人的禀赋叫作天性，遵循天性而行叫作道，按照道的原则修养就是最好的教育。我们要遵循教育的大道和原则，道是不可以片刻离开的，如果可以离开，那就不是大道了。所以，君子在别人看不见的地方也要谨慎，在别人听不见的地方也要有敬畏之心。越是隐秘的事情越容易显露，越细微的事情越容易显现。所以，君子在一个人独处的时候，更加要谨慎。（原文：天命之谓性，率性之谓道，修道之谓教。道也者，不可须臾离也，可离非道也。是故君子戒慎乎其所不睹，恐惧乎其所不闻。莫乎见隐，莫显乎微，故君子慎其独也。）①

人人熟知的《西游记》中唐僧的徒弟孙悟空、猪悟能、沙悟净，这三个徒弟的名字中都有一个悟字。悟是觉悟、顿悟的意思。"学"者，"觉"也。"学"和"觉"是通音字。孙中山在《三民主义》中有一个著名的论述：我从前发现过一个道理，就是世界人类其得之天赋者约分三种。有先知先觉者，有后知后觉者，有不知不觉者。

《道德经》记载：上士闻道，勤而行之；中士闻道，若存若亡；下士闻道，大笑之，不笑不足以为道。白话文的意思是：先知先觉的人听了道的理论就努力地去践行；后知后觉的人听了道的理论，将信将疑；不知不觉的人听了道的理论，哈哈大笑。不被嘲笑，那就不足以称为道。

活到老，学到老，顿悟到老，觉悟到老。学习的过程就是觉悟、顿悟的过程，那么用什么来指导我们学习的大道呢？在学习和顿悟过程中，有

---

① 本书中关于《中庸》的解读学习和参照了王国轩对《中庸》的译注（2016年9月第一版，中华书局），有一些解读予以应用，特此注明。

没有一个好的方法呢？

听君一席话，胜读十年书。这是我们耳熟能详的一句谚语。生活中，我们常常有这样的感觉，为什么听君一句话，就能打动我们呢？比如"此心安处是吾乡""归来依然是少年""知我者谓我心忧，不知我者谓我何求。"这些语言打动了我们的心，让我们心头一亮、眼前一亮。这样的语言说到了我们的心坎上，变成了一种能量，能启发我们心中的灵性，让我们动心，从而能起到心头一亮的作用，这些文字能让我们心情愉悦，这就是文化的力量。

教育如果以考试为主，难免缺乏对每一个孩子的天性和兴趣爱好的尊重和关心，一味地考试，会把孩子变成考试机器。一味地考试，会让家长和孩子被迫进入高强度、竞争的"内卷"状态。一味地工具教育，会缺乏人文关怀、人文涵养的启蒙。没有尊重孩子的天性和爱好，也就没有尊重教育的大道，那该如何启发每一个人的天性和灵性？一味地考试，孩子天生喜欢的领域得不到启发和涵养，学生能快乐吗？单一的考试，遏制了学生的天性，导致学生的创造力和想象力严重缺失，这是我们教育工作者和家长需要反思的地方，这也是"双减"政策及时出台的必要性。

王阳明在《传习录》中指出，道即是教，道也就是良知的意思。致良知能起到什么作用呢？致良知可以让愚笨的人产生智慧，痴迷的人迷途知返。当然，这需要久久为功、久久为善的功夫。所以说：教育的第一等任务在于让学生们能觉悟、觉醒。这就是传道、授业、解惑的意义所在。上天有好生之德，每一个人都有自己喜欢的领域，如何寻找到自己心中最喜欢、最有兴趣、最能启发我们心中灵性的领域，将这种喜欢、兴趣、爱好扩展到能服务大群社会，实现由独乐乐到众乐乐的转变，实现由小我的价值和社会大群之间的融合通道，这就是教育的使命和人生的价值和意义所在。"学"者，"觉"也。学习的使命是觉悟、觉醒、顿悟的意思。比如，袁隆平立志要让我国人民有粮食吃，不挨饿。袁隆平一辈子研究水稻，保障了我国的粮食安全。张桂梅一辈子致力于农村留守儿童的教育事业，屠呦呦一辈子致力于中医药事业，从中药中提取青蒿素——一种用于治疗疟疾的药物，挽救了全球特别是发展中国家数

百万人的生命。这样的案例数不胜数。他们在各自的岗位上觉悟到了自己和国家的人生大道，也就找到了自己人生的使命感，这种使命感就是"天命之谓性"。完成自己的使命感就找到了自己人生前进的大道，就不会迷茫和彷徨，就不会无聊和空虚。将自己的兴趣爱好、使命感与国家民族的事业联系在一起，这就是教育的使命与价值。这些人都是觉悟的人，都是有使命感的人，所以他们的人生过得就有价值、有意义。他们在自己喜欢的领域里为社会做出了巨大贡献，成为我们学习的榜样。现实生活中没有找到自己人生使命感的人是孤独的。美国有一半人感到孤独，因此美国卫生部门宣布"孤独已成为流行病"。孤独是抑郁的前兆，抑郁是因为心结没有打开，这就需要第一流的教育来涵养。中华文化早就认识到启蒙、觉悟、觉醒教育的重要性，《周易》告诫我们：蒙以养正，圣功也。

中华民族有五千多年的历史和文化，在教书育人的领域里积累了大量的智慧。这些智慧足以启发我们每一个人天生的灵性，这就需要我们去传承和弘扬、去启发、去学习、去觉悟。也就是孟子所说的"学问之道无他，求得放心而已矣"。千古一帝李世民对教育有一个经典的论述：人性含灵，待学成而为美，以学饬情（饬，整顿、治理情绪的意思）。玉不琢，

不成器。人不学，不知道。勤于学问，谓之美德。意思是说，每一个人都有自己的灵性，但是一定要经过学习，只有经过学习后，个人的灵性才能成为一种美德。应用学习来整顿、治理自己情绪中不好的成分，如忌妒、怨恨、虚荣、自私等。让人性中的灵性得到发扬，方能有益于社会。所谓"玉不琢，不成器。""人不学，不知道。"讲的就是这个道理。

《淮南子》一书中有一句经典的话：得万人之兵，不如闻一言之当。这也就是我们平时所说的"听君一席话，胜读十年书"。由此可见，经典的语言是一种能量。能量有正能量和负能量之分。什么是正能量？什么是负能量？在这个信息碎片化的时代，我们要学会基本的判断。如何能判断是与非、善与恶、好与坏的信息，就需要阅读经典书籍并掌握一流的方法论。极高明而谓之中庸。中庸就是第一流的方法论。在教育方法、人生修养、控制情绪、家国情怀、治国理政方法等方面有着极高的智慧，需要我们学习、觉悟、觉醒，用中庸的智慧来照亮人生的曙光。

启示与思考

"高山仰止，景行行止"这句话原出自《诗经·小雅·车舝》。后司马迁在《史记·孔子世家》专门引来赞美孔子："《诗》有之：'高山仰止，景行行止。'虽不能至，然心向往之。"这就与道德品行相关了，正如汉郑玄注解说："古人有高德者则慕仰之，有明行者则而行之。"郑玄把"高山"比喻为崇高的道德，"仰"是慕仰；"景行"是"明行"，即光明正大的行为，是人们行动的准则。这样，司马迁这句话的意思就是，高尚品德如巍巍高山让人仰慕，光明言行似通天大道使人遵循。虽然不能达到（上面）这样的境界，但心里也知道了努力的方向。

在日常生活中，你有没有遇到过让你仰慕的道德高尚的人呢？

二

中庸教育我们如何控制情绪

　　控制情绪是一件不容易做到的事情。《中庸》第一章教给我们控制情绪的方法：喜怒哀乐各种情感没有表现出来的时候，叫作"中"；喜怒哀乐这些情绪如果表现出来了，但符合节度和分寸，叫作和。中是天下的根本，和是天下普遍遵循的规律，达到中和的境界，天地便各在其位，万物的生长就茂盛了。（原文：喜怒哀乐之未发，谓之中；发而皆中节，谓之和。中也者，天下之大本也；和也者，天下之达道也。致中和，天地位焉，万物育焉。）

　　"孺子可教"出自西汉司马迁的《史记·留侯世家》："父以足受，笑而去。良殊大惊，随目之。父去里所，复返，曰：'孺子可教矣。'"故事的主人公张良，原是韩国的公子，姓姬，颍川城父（今河南省宝丰县李庄乡古城村）人。因行刺秦始皇未遂，逃到下邳（今江苏省睢宁县）隐匿，才改名为张良。

　　有一天，张良在圯水桥上散步，偶遇一个穿褐色衣服的老人。老人看到张良走来，便把一只鞋故意掉在桥下，对张良说："喂！小伙子！你能替我去把鞋捡起来吗？"张良不认识老者，心中很不情愿，但他看到对方年龄很大，从尊老爱幼的角度来说，应该帮助老者。便下桥去把鞋捡了起来给老者。结果，老者又对张良说："来！给我穿上！"张良心里很不高兴，但转念一想，鞋都拾起来了，又何必计较这么多，君子应该成人之美，好事做好。于是，他又替老人穿上鞋。老人站起身，一句感谢的话也没说就转身走了。张良当时就惊呆了，傻傻地望着老人的背影，很迷茫，不知所措。隔了一会儿，老者返身回来说："你这小伙子很有出息，值得我指教。五天后的早上，请到桥上来见我。"张良听了，连忙答应。

第五天早上，张良赶到桥上。老人先到了，生气地说："跟老人约会，为什么迟到？再过五天，早些来见我！"说完就走了。又过了五天，张良起了个早，赶到桥上，不料老人又先到了，老人说："你又迟到了，怎么搞的？过五天再来。"又过了五天，张良下决心这次一定比老人早到。于是他刚过半夜就摸黑来到桥上等候。天刚蒙蒙亮时，他看到老人一步一挪地走上桥来，赶忙上前搀扶。老人这才高兴地说："小伙子，你这样才对。"于是，老人拿出一部《太公兵法》交给张良，说："你要下苦功钻研这部书。钻研透了，以后可以做帝王的老师。"

张良对老人表示感谢后，老人扬长而去。张良从此刻苦研读《太公兵法》，后来他成为汉高祖刘邦手下重要的军师，为刘邦建立汉朝立下了汗马功劳，被称为一代帝王师。刘邦表扬张良："夫运筹策帷幄之中，决胜于千里之外，吾不如子房（张良，字子房）。"苏轼在《留侯论》中写道：观夫高祖之所以胜，而项籍之所以败者，在能忍与不能忍之间而已矣。项籍唯不能忍，是以百战百胜而轻用其锋；高祖忍之，养其全锋而待其弊，此子房教之也。

冲动是魔鬼，这是我们众所周知的道理。道理虽然我们都知道，但是在实际工作和生活中要做到控制我们的情绪，还是有一定难度的。苏轼在《留侯论》中有一个著名的论断："古之所谓豪杰之士者，必有过人之节。人情有所不能忍者，匹夫见辱，拔剑而起，挺身而斗，此不足为勇也。天下有大勇者，卒然临之而不惊，无故加之而不怒。此其所挟持者甚大，而其志甚远也。"在遇到突发事件的情况下，仍能做到乱云飞渡仍从容，这种人心中一定怀有远大志向和抱负，所以能成就大事。纵观古今，概莫能外。

如何控制我们的情绪，这个问题一直在困扰着我们。在传统文化的经典之中，如何涵养我们的性格、保持心平气和的状态、控制我们的情绪，从而能做到宁静致远、处乱不惊、乱云飞渡仍从容？

　　我们对情绪的认知，在我们还没有表现出喜怒哀乐的情感时，心中是平和的，这种心平气和的状态叫作中。如果有人惹怒了你，喜怒哀乐就会瞬间爆发出来，但是一定要有节度和分寸，这叫作和。如果我们的修养能做到中和的地步，遇事能心平气和地商量，不让情绪任性地滋长，沉着冷静地观察事物的发展，那么遇见的矛盾也就能心平气和地被化解。社会的秩序就会变得文明有礼、有理有序。如果不能控制自己的情绪，任由情绪爆发而且没有节制，就会引发许多可悲的事情。小事情就会变成大事情，小矛盾就会演变成不可调和的矛盾，都是因为控制不了自己的情绪引起的，这样的案例每天都在发生。举一个例子来说明：汽车司机和快递小哥发生微小的剐蹭，如果谁有过错，就态度诚恳地给对方道歉，被剐蹭者也就能消气，心理上也能平衡，这个矛盾也就化解了。如果过错方不承认错误，还强词夺理，被剐蹭者心中一定很恼火。如果过错方语言不礼貌，就会发生由语言冲突导致肢体冲突的可能性，因为一点微小的剐蹭而大打出手，不仅造成了交通的堵塞，也会造成双方的情感伤害，还耽误了许多时间。微小的剐蹭本来是一件很小的事情，如果双方不理智地处理此事，就会引发更大的矛盾，以至于到了不可收拾的地步，这就是情绪控制的重要性所在。我们冷静分析一下：强词夺理者不对，得理不饶人者也不对。如果能做到"发而皆中节，谓之和"，凡事要讲道理，商量着来，矛盾自然就能得到化解，这就是中庸的方法；将这种方法运用于生活和社会交往中，我们就可以省去许多烦恼，节省很多时间，办事效率也会提高。心情也能保持愉悦的状态。有了好心情，我们干什么都会有价值、有意义。因为不小心的微小剐蹭而大打出手，这叫得不偿失，因小失大。

　　人之常情，遇见喜爱的就开心，遇见忧患的就发愁。中国传统文化靠礼乐来调和。应避免乐极生悲，哀极成伤这种情绪任性的蔓延和发展。这就是圣人孔子为什么要实施礼乐治国思想的重要性，同时也是中华文化的方法论和中华文化的智慧所在。

正是因为有了《中庸》这样的经典书籍的涵养，所以成就了我们中华民族爱好和谐、仁爱友善、宁静致远、厚德载物、济弱扶倾、谦和内敛的文化性格，这也是中华民族的文化特征。

启示与思考

生活中，如果别人冒犯了你，或者你的想法得不到实现，你会生气吗？"百病生于气也"，经常生气的后果就会得病。如果知道了这个道理，你还会因为一些小事、小矛盾、小摩擦而大动干戈吗？

三

中庸要求我们应该多一些敬畏生命的教育

《中庸》第三十章表扬了圣人"孔子践行和学习尧、舜之道,以文王、武王为典范,上遵循天时,下符合地理。就如同天地那样没有什么不能承载,没有什么不覆盖;又好像四季的交错运行,日月的交替光明。万物共同生长而互不妨害,道路同时并行而互不冲突。小的德行如河水一样长流不息,大的德行使万物敦厚淳朴,这就是天地所以伟大的原因啊"!(原文:仲尼祖述尧舜,宪章文武。上律天时,下袭水土。辟如天地之无不持载,无不覆帱。辟如四时之错行,如日月之代明。万物并育而不相害,道并行而不相悖。小德川流,大德敦化。此天地之所以为大也!)

圣人孔子祖述尧舜,宪章文武,这两句话就成为道统论的历史依据,文章用"万物并育而不相害,道并行而不相悖"来比喻圣人孔子的博大精深。意思是说:万物共同生长而不相互有害于对方的成长,道路同时并行而不起冲突。教育我们要关爱生命和万物,对生命和万物要有敬畏之心和万物并育的思想。从而能做到保持敬畏、包容、谦和、礼让之心。践行各美其美,美美与共的和谐状态。

青少年时期,应该多一些"万物并育而不相害,道并行而不相悖"以及关于敬畏生命的教育理念的普及。什么是敬畏生命的教育?人为万物之灵,天地之间人为贵。灵在何处?贵在何处?所以,珍惜生命、珍爱生命、敬畏生命这些常识,我们应该对学生进行引导和教育。传统文化告诉我们,人分圣、贤、智、平、庸、顽、劣七个层次。中国文化强调通过教育,人人可以成为圣贤。这是文治武邦的历史传统,也是中华文化之所以重视教育的文化根基和历史背景。众所周知的一副对联:世间数百年旧家无非积德,天下第一等好事还是读书。青春期正是人生观、价值观、世界

观形成的最重要时期。如果一味地进行工具知识的灌输，反复考试（比如英语等工具教育的考试），容易忽略学生的性格、体格、气质、秉性的觉悟、价值观的引导、对生命意义和对生命感悟的涵养和个人道德品质的教育。那么，学生势必会成为考试的工具，忽视了学生敬畏生命的教育。新时代教育的理念是立德树人。教育学生应该立什么德？树什么样的人？年纪轻轻就被各种应接不暇的考试搞得暮气沉沉、精疲力尽，而忽略了价值观和仁慈观的涵养，这是教育和家长应该注意的地方。

历史上的一代大儒王阳明从小就立下大志，说读书为了做圣贤，不是为了谋取荣华富贵。由此可见，立志是成才的第一等大事。每个人成长的环境和家庭背景不同，孙中山的《三民主义》中有一个图片，根据人的禀赋不同，人应该有七个层次，圣、贤、智、平、庸、顽、劣，这七个层次的划分符合客观实际。这也是圣人孔子"因材施教""有教无类"的深刻含义，学至气质变，这是学习的首要任务。平、庸、顽、劣之人，如果早一点对其进行第一流的教育，就可以成为一个对社会有益的人；如果等他的性格定型之后再来引导，那么教育所起的作用就非常有限。

青春期的孩子，由于没有社会经验，对社会的认知比较幼稚和简单。现代教育由于分科太细，导致认知太狭窄，如果一味地进行某一方面专业知识的灌输，就会导致孩子的认知狭隘，这样培养出来的学生认识社会就会出现"头痛医头、脚痛医脚"、盲人摸象的社会弊病。举一个例子来说明这个问题：中医看病的方法是辨证论治，因人而异。强调正气存内，邪不可干，扶正祛邪。西医看病的方法是专科施治，还原论的方法，将病分得很细，将物质分成分子、原子、夸克。这样比较精准，可是却忽略了整体调治，人体是一个巨大的系统，五脏六腑，各负其责，密切配合，有序调和。治病如治国，用药如用兵。用药如果只注意一个病灶的治理，整体的调和和正气的涵养如果不考虑，就会走入"头痛医头、脚痛医脚"的弊端。这一点，西医也在反思，也在调和，也在进步。"用药如用兵，用医如用将"是一句谚语，它的意思是说，使用药物，就像排兵布阵一样重要，选用医生，就像选将任帅一样重要。

作为家长和老师，就应该学习第一流的经典来教育和引导孩子顺利度过青春期。我国台湾地区著名国学大师曾仕强教授在《亲子关系》一书中

写道：古人早已说过，真正爱子女的父母，应当以正义来教导子女，使子女不走邪路。现实中，许多家长在为教育子女而着急，不知道怎么办。学习中庸后，就可以找到教育孩子的正道，不让孩子走到邪路上去，这是《中庸》智慧的初心。

骄傲、奢侈、虚荣、不诚信、不自律、看不起人的傲慢、自以为是的狭隘、离经叛道的张扬、放荡和过分安逸，都是使子女走上邪路的不良习惯。曾国藩是清朝末年的中兴名臣，其带领的军营即使欠饷四个多月，但军心并没有涣散，依然能做到"扎硬寨，打死仗"。带领队伍秋毫无犯，所到之处百姓夹道欢迎。以仁爱之心带兵打仗，不计较手下人犯的错误而教育和引导之。曾国藩在家书中明确指出：凡人皆指望子孙做大官，余不愿为大官，但愿为读书明理的君子。这些都是教书育人的经典论述，一味用专业知识灌输，学生容易变成考试机器，而忽略了关于人生大道的引导，生命的意义和价值观的引导，是教育应该注意的部分。曾国藩同时告诫家人：无论治世乱世，凡一家之中能勤能敬，未有不兴者。不勤不敬，未有不败者。

"饱食终日，无所用心"是圣人担忧的地方。张横渠尝说："世学不讲，男女从幼便骄惰坏了。"（世学，世代相传的学问。）一个人如果懒惰和有了惰性这种不良习惯，就会骄傲和不耐烦。骄傲和不耐烦是懒惰的外在表现，实际就是缺乏勤劳、自强、厚德、仁爱这些品德的一种表现。因此曾国藩要求家族进行"耕读传家"这种品德的培养，才能取得良好的教育效果。

蒙以养正，圣功也。教育孩子要从小就开始。"三岁看大，七岁看老"这句话是有一定道理的，它的意思是从孩子的蒙童时期开始进行良好的教育，是一种伟大的功德。喜闻乐见的是北京航天神箭幼儿园（该幼儿园成立于1959年，由钱学森提议创建）已经引进国学课程资源，将国学内容与日常生活相结合，以《诗经》《中庸》《论语》《孟子》《大学》《周易》等国学经典为核心，从解读中国汉字的含义开始教育学生，用故事来认识中国历史中的圣贤、二十四节气等多种主题活动，从小涵养"仁义礼智信、忠孝廉耻勇"，用体验式、探索式、寓乐于教的方式去理解国学经典中的价值观念，探索中华优秀传统文化的传播和教育的新模式，探寻幼儿园教育未来发展新路径，得到了孩子的喜欢和家长的高度认可。孩子用舞蹈、表演、诵读的形式表达自己对孔子、圣贤以及国学经典的理解，从小涵养中华之根、中华之魂、国学神韵。这为探索传统文化在幼儿园教育阶段的路径做出了许多有益的探索，对绵延和弘扬中华文化的智慧起到了"蒙以养正"的作用。

启示与思考

手机的快捷让我们的生活方便了许多，但是成天沉溺于手机之中而不能自拔，时间久了，人也就成了机器的一部分。长时间沉溺于玩手机之中，人的灵感和灵气就会慢慢消失。长此以往，还能写出"大江东去，浪淘尽，千古风流人物。故垒西边，人道是，三国周郎赤壁。乱石穿空，惊涛拍岸，卷起千堆雪。江山如画，一时多少豪杰。"这样有气势的诗句吗？

四

中庸要求君子遵道而行

《中庸》第十一章记载：孔子说探寻隐僻的道理，做些怪诞的事情，后世也许会有人来记述他、称赞他，但我绝不会这样做。君子按照中庸之道去做，但是半途而废，不能坚持下去，而我是绝不会停止的。真正的君子遵循中庸之道，即使隐遁在世间一生不被人知道，也绝不后悔，这只有圣人才能做得到。（原文：子曰：素隐行怪，后世有述焉，吾弗为之矣。君子遵道而行，半途而废，吾弗能已矣。君子依乎中庸，遁世不见知而不悔，唯圣者能之。）

本章论述了圣人教育弟子要遵道而行的道理。遵循什么道很关键？孔子告诉弟子：汝为君子儒，毋为小人儒。圣人要求弟子要做君子式的儒者，不要做小人式的儒者。君子和小人是儒家的一个重要观念。什么是君子和小人呢？朱熹对君子的定义："才德出众之名。"强调了德才兼备这个特征。《现代汉语词典》这样解释"君子"这个概念：古代指地位高的人，后来指人格高尚的人，比如正人君子。什么是小人？（1）古代指地位低的人，后来地位低的人也用于自称。（2）指人格卑鄙的人。比如小人得志、势利小人。人人都想成为君子，没有人愿意成为小人。成为小人，是因为教育的环境和条件不好，这就是教育环境的重要性所在。

《孟子·梁惠王下》记载：《书》曰："天降下民，作之君，作之师。"白话文的意思是：上天降生了民众，又为他们降生君王，又为他们降生师傅。韩愈在《原道》中写道："古之时，人之害多矣。有圣人者立，然后教之以相生相养之道。为之君，为之师。"白话文的意思是：古时候，人民所面临的灾害很多。有圣人出来，教给人民以相生相养的生活方法，做他们的君王或老师。唐宋八大家之首的韩愈，当年创作了"一封朝奏九重

天,夕贬潮阳路八千。欲为圣明除弊事,肯将衰朽惜残年。云横秦岭家何在,雪拥蓝关马不前"。他在被贬到潮州后,在潮州工作的七个月的时间里,践行相生相养之道,为当地百姓祛除鳄鱼之害、兴办学校,培养人才、关心桑农、兴修水利、关心群众疾苦等许多民生事业,践行君子遵道而行的信念。当地老百姓为了纪念他,把当地的山改名为韩山、江河改为韩江,学校的名字中有以韩愈命名的学校,如韩山师范学院,以示纪念。成就了"匹夫而为百世师、一言而为天下法"的士大夫风范,践行"为之君、为之师"的理念,这种精神至今值得我们学习与弘扬。

中庸要求君子要遵道而行,在传道、授业、解惑的时候,不要把道理讲得玄之又玄,做出各种怪诞的行为,这些都是欺世盗名的做法,根本就不符合中庸之道的规范。

《论语》记载:"子不语怪力乱神",意思是孔子不谈论怪异、武力、叛乱和鬼神这方面的话题。我们也经常会听到家长、老师的忠告:不要离经叛道。离经叛道这个成语用来比喻背离占主导地位的思想或学派。这里的经,主要指的是儒家的经典著作。"经"者,"径"也,经和路径的径是同音字。道指的是道理、道路、方向、道德等含义。"得道者多助,失道者寡助。""大道之行,天下为公。"从这些成语中,我们可以领悟道的深刻含义。我国文化博大精深、源远流长。众所周知的四书五经,告诫我们不要离经叛道,标新立异、剑走偏锋,要守正创新。这里的经主要指的是四书五经。四书指《大学》《论语》《孟子》《中庸》。五经指《诗经》《尚书》《礼记》《周易》《春秋》。宋朝时期流行一个典故叫"半部论语治天下"。由此可见《论语》这部经典著作在中国传统文化中的重要性,这也是历朝历代都有儒学大家对《论语》及四书五经解读的历史背景和文化诉求。因为四书五经是中华文化的根基,寄托了中华文化的精神与民族信仰。

尧、舜、禹是中华历史上的圣人。他们是中华文化在道德上的代表。《史记》所载:"天下明德,皆自虞舜始。"舜帝文化的精神之魂,可称为"德为先,重教化"。历史上尧帝传位给舜帝的时候告诫之道:"允执厥中。"《中华成语辞海》解释为:诚实地坚持不偏不倚的中道。也作允执其中、允直其中来解释。舜传位给禹的时候,谆谆教诲道:"人心惟危,道心惟微,惟精惟一,允执厥中。"我们到故宫去参观,经常也可以看到允执厥中、中正仁和这样的牌匾，这些成语在《尚书》《论语》《中庸》等经典书籍中都有记载，由此可见，践行中庸之道是中华民族的一种文化素养和治国理政的方法论。不走极端、不剑走偏锋、对待问题能做到合理与兼顾、斟酌至善、谦尊而光、不钻死牛角尖、不自以为是等是中庸文化对做人做事的一种基本要求。

中庸是一种极其高明的方法论，学会了这一种方法论，做事就会有系统观念、整体观念，会全面考虑。辨证论治、中规中矩，行为有礼仪，讲话有水平，做事有分寸，不会做违背常识和常理的事情，也不会钻牛角尖，做人和处理事情就不会偏执和执拗，这样处事就会周全，这就是"极高明而道中庸"的深刻含义。

文化传承是一种生活习惯，每一个民族和国家都有自己的文化传承和生活习惯，离经叛道、标新立异、剑走偏锋不仅违背社会发展的常识，也违背我们的生活习惯。违背生活的习惯，也就是违背文化的习惯。比如，网络上的所谓历史虚无主义、穿越剧、宫廷戏、恶搞历史人物等，这些都是典型的离经叛道，打着戏说历史的招牌虚化和丑化历史人物。所以，这种形式不仅家长不喜欢，与社会主义核心价值观也格格不入。历史虚无主义的泛滥，会逐步瓦解青少年对于我们优秀传统文化和智慧的认可和向往。"灭人之国，必先去其史。"用一个案例来说明：历史虚无主义说秦桧跪的时间久了，也该坐起来了。污蔑狼牙山五壮士、灌输一些没有标准的历史观念，时间久了，导致价值观念的模棱两可，这是教育工作者应该注意的地方。

钱穆指出，"治国史之第一任务，在于国家民族之内部自身求得其独特精神之所在"。抗战之时，作为中流砥柱的精英分子能够从中华民族辉煌的历史中汲取力量。钱穆先生希望能借助《国史大纲》一书激发出中华民族团结一致、同心同德、同仇敌忾，振兴中华的辉煌前程。从钱穆先生的作品中，我们可以领悟到先生的良苦用心，钱穆先生从历史中告诫我们：一个时代的学术对政权兴衰的影响。因此，他主张：一个朝代要兴旺持久，必须有一种立国的精神。这种精神实际就是儒家传统学术的精神。因此，学术（儒家）兴则国运兴，学术衰则国亡。

习近平总书记指出："历史和现实都表明，一个抛弃或者背叛了自己历史文化的民族，不仅不可能发展起来，而且很可能上演一场历史悲剧。"

启示与思考

上士闻道，勤而行之；中士闻道，若存若亡；下士闻道，大笑之，不笑不足以为道。《道德经》将人的秉性和德行分为三个层次：上士、中士、下士。我们自己属于哪一个层次？生活和工作中，我们如何能做到遵道而行？

五

中庸教家长如何陪伴孩子度过青春期

《中庸》第三章记载孔子说:"中庸大概是最高最好的德行了吧!但人们很少能够做到,这种状况已经很久了。"(原文:子曰:"中庸其至矣乎!民鲜能久矣。")

第四章记载孔子说:"中庸之道不能实行的原因,我知道了;聪明的人自以为是,认识过了头;愚蠢的人智力不及,不能理解它。中庸之道不能彰显的原因,我知道了;贤能的人做得过了分,不贤的人又做不到,就像人们每天都要吃东西,但却很少有人能够真正品尝出滋味。"(原文:子曰:"道之不行也,我知之矣;知者过之,愚者不及也。道之不明也,我知之矣;贤者过之,不肖者不及也。人莫不饮食也,鲜能知味也。")

第五章记载孔子说:"道大概不能实行了吧。"(原文:子曰:"道其不行矣夫。")

第七章记载孔子说:"人人都说自己聪明,可是被驱赶到罗网陷阱之中,却不知道如何躲避。人人都说自己聪明,可是选择了中庸之道,却连一个月也不能坚持下来。"(原文:子曰:"人皆曰予知,驱而纳诸罟擭陷阱之中,而莫之知辟也。人皆曰予知,择乎中庸而不能期月守也。")

《中庸》第三、第四、第五、第七章论述了能做到中庸不是一件容易的事情,分析了不能做到中庸的原因,正是因为不容易做到,所以才显得非常重要。由此可见,中庸既是一种能力的培养,更是一种有智慧的表现。

疫情之下,社会许多方面发生了变化,也带来了社会问题的变化,就拿教育来说,学生的心理健康问题主要表现在:第一,有很大的学习压力;第二,家庭关系紧张;第三,这些青少年没有确定自己的人生观、价值观、世界观,没有找到自己的人生使命。如何解决这个问题?这是学

生、家庭、学校、社会都应该关注的社会问题，也是教育应该重点关注的问题。

叛逆精神是每一代年轻人具有的特征，每一代年轻人都不得不面对不受他们主观意志转移，却又与他们休戚相关并处处受其制约的社会规范、价值观念、风俗习惯、信念信仰等被法国社会学家迪尔克姆称为"社会事实"的东西。社会事实是历史的积淀，是一代又一代人创造并传承下来的。情绪冲动、喜好冒险、追求新奇、渴望创新是大多数年轻人的特征，因此他们几乎是本能地反叛传统，在社会急剧变迁的时期尤其如此。作为家长，我们更应该重视这个问题。用中庸的方法去处理成长和学习中的问题，不走极端、不自以为是、不剑走偏锋。道理很简单，青少年的价值观还没有形成，有些错误犯不起，如果犯了承受不起的错误，会给自己、家里和社会带来负面影响，乃至影响自己一生，作为家长就应该尽早予以引导和教育，这就是"不以规矩，不能成方圆"的边界意识。

自媒体和资讯的发达，严格来讲，其中有些信息传递了许多错误的观念。现在许多错误的观念在影响着孩子的成长，比如，及时行乐、娱乐至死、张扬个性等观念，就这需要家长和老师的正确引导。自由是有边界的，你喜欢跳广场舞，但别人家的孩子马上要高考。跳广场舞是你的自由，高考是学生的自由。如何调和？调和不好，就会产生矛盾，这样的案例生活中很多，我们都知道自由首先是建立在不自由的基础之上的，大家才能做到有条件、有环境的自由。

我们如何用中庸的方法教育孩子，陪伴孩子度过青春期？这是困惑老师和家长的一个普遍问题。青春期的孩子在10~16岁，家长要承认孩子在迈向独立成人的过程中需要有自己的空间，希望不要被过度打扰，他们要有自主权和观察社会的能力，不愿意和父母走得太近，他们要以自己的方式去探索和观察世界，情绪起伏比较大，对父母过多控制自己就会显得不耐烦。什么都被安排好，有时候就会故意显得不配合，这种心理，证明孩子在长大，他们在以自己的方式与家长和老师互动。家长要高兴地接受和认清这个客观事实，循序渐进，予以引导。家长要注意的是，千万不要让孩子染上不良习惯：比如，沉迷游戏、染上网瘾、成天抱着手机自娱自乐、抽烟、酗酒、为了追求所谓的哥们儿义气去打架、实施校园暴力、学

习和生活没有追求、没有目标意识，没有自己的爱好和兴趣、交一些品行不端的朋友，等等。家长要知道，孩子在这个阶段，需要读圣贤书来涵养性情，控制好自己的情绪，规范自己的行为习惯，遇到社会中自己看不明白的社会现象要及时和家长沟通，不要什么事都憋在心里。这就是沟通的重要性，也是倾诉的重要性。学会沟通、学会倾诉、在沟通和倾诉中化解问题和寻求帮助，这一点很关键。家长也要观察孩子情绪和习惯的变化，及时止损，予以引导、开导，让孩子早点觉醒和觉悟。

面对青春期孩子的情绪不稳定、脾气暴躁，作为家长，可以引导孩子练习书法，通过练习书法来涵养孩子急躁的脾气。带领孩子锻炼身体，多与大自然交往，通过观察大自然冬去春来、花开花落、春华秋实的过程，来领略大自然的奥妙。为打发无聊和空虚的时间，可以带孩子去登山和旅游，祖国的大好河山、锦绣山河无处不在，让孩子知道登高望远和登高"自卑"的基本道理。也可以到敬老院去做一些义务工作，体验一下孝道文化。去孤儿院看望孤儿，知道这个社会上需要救助的人群还很多。也可以去看一下残疾人创业的真实案例、在地下通道里面睡觉的流浪汉，涵养孩子以善为宝，助人为乐，激发他自强不息、厚德载物的内在动力，从而立志做一个能自觉学习、向上、向善、向正的阳光少年。背一背唐诗，读一读宋词，欣赏一下中国经典的山水画、学习人文历史，抒发心中的情绪，这些都是很好的教育方法和路径。

学生在青春期阶段身体会自然地发生变化，自身对生理上和心理上的变化很敏感，因为是第一次经历成长，自身处于脆弱和敏感的阶段，教育学家告诫家长：青春期是孩子人生的暴风雨时期。进入初中阶段，成绩好的孩子就会常在一起，有可能瞧不起成绩差的同学。这时候，孩子学习好，家长欢天喜地。孩子学习不好，家长就应该注意如何关心孩子的身心健康，避免养成不良习惯，如缺乏爱心、任性地发泄、欺软怕硬、没有敬畏生命之心、为了发泄自己的不良情绪而做出对弱小生命进行残害的行为，等等。为了发泄不良情绪，实施校园暴力，等到学校和警察来调查的时候，学生和家长后悔莫及。孩子在成长过程中，家长和老师要告诉其应该有守规矩的意识。要明白什么能做，什么不能做，知道是与非、好与坏、善与恶，要教会孩子学会分辨，避免孩子走到危险的边缘。父母应该

在这个时期，多陪伴孩子，用亲情和爱心呵护孩子，尊重他们正确的爱好和兴趣点，并进行正确的引导，多观察孩子的行为，分辨孩子交往的朋友。父母再忙，也应该多陪伴孩子，千万不能放任自流，酿成大错。青春期的孩子更需要关心和关爱，以及情感上的沟通和交流。

学生在初中、高中阶段，完成了由依赖家长到自我意识的变强，在自我意识成长的阶段，一方面，是要引导孩子处理好家长、老师、同学、社会大群交往的关系。另一方面，是在孩子争取独立自主、展现自己的个性、个人兴趣爱好的阶段，我们要予以扶正祛邪的引导，千万不要采取命令式和高压的手段，而是要耐心观察、倾听孩子的想法，尊重孩子的兴趣和爱好，进行正确的引导。客观、冷静、理性地帮扶孩子健康快乐地成长。

一边是家长的命令，一边是血气方刚的青少年，如果硬碰硬，势必会产生矛盾。矛盾需要化解，而不是任由其发展和扩大化。如果任由矛盾的积压和扩大，对家长和孩子来说都是情感的伤害。矛盾积压久了，就会爆发，矛盾的激化会引起孩子的强烈反抗，以至于闹出不可弥补的损失，甚至造成悲剧。矛盾的冲突首先源于语言的冲突，语言的冲突源于观念的碰撞和沟通的顺畅与否，这方面的案例其实每天都会发生，这也是开启民智，提高家庭教育水平的重要性所在。问题的关键是许多家长不知道如何教育孩子，也不知道加强自身学习。

尊重孩子在成长过程中的人格。青春期的孩子，自尊心特别强，如果一味地训斥，会引起孩子的反感。父母是孩子最亲近的人，如果孩子反感父母，就无法交心；如果无法交心，就会产生情绪的对立，这样的家庭环境不是理想的教育环境。家长一味地命令，怎么培养孩子良好的心理素养？孔子教导我们：用厉声厉色去教育老百姓，那是末节下策。

孩子在成长过程中会自我觉悟，如学会了批判社会、吐槽同学之间的关系、有谈恋爱的倾向、与老师的互动效果等人际交往的问题。作为家长，应该予以心平气和、春风化雨的解释和解读、引导。孩子如果在人际关系交往中遇到困难，和父母沟通时遇到障碍，试问，我们要把孩子推向哪个方向？时间久了，孩子心里就会产生悲观和忧虑，如果没有找到自己喜欢的领域，孩子的精神和心理无处寄托，就会在手机和电脑上寻求答

案。但手机和电脑上的内容良莠不齐、好坏参半，这是一种危险的方法，也是一种放任自流的做法，这是对孩子的教育不负责任的做法。

  这个时期的孩子，内心比较脆弱，需要父母的关怀和家庭的爱来引导，孩子进步一点，我们应该予以鼓励。孩子遇到挫折，我们帮孩子一起分析原因，增强解决问题的方法，而不是一味地斥责、谩骂、嘲笑。他是一个生命体，有自己的想法和对生命的感悟，有自己的人格尊严，有自己的想法、观点，有自己的精神需求。作为家长，对于好的观点，我们应该予以鼓励和引导，不好的观点就应该予以矫正。秉持善可为法、恶可为戒的教育法则。同时，不要害怕青少年失败，实践证明：早失败比晚失败好。苦其心智，增益其所不能就是这个意思。在失败中成长，在逆境中成长，这也是培养孩子抗挫折能力的方法和路径之一。

启示与思考

  作为家长和老师，我们如何理解：孩子遇到挫折，我们帮孩子一起分析原因，寻找解决问题的方法，而不是一味地斥责、谩骂、嘲笑。他是一个生命体，有自己的想法和对生命的感悟，有自己的人格尊严，有自己的想法，有自己的精神需求，作为家长，好的，我们予以鼓励和引导；不好的，我们予以矫正。应秉持善可为法，恶可为戒的教育法则。

六

中庸教育我们"大德者必受命"

《中庸》第十七章论述：舜可以说是一个大孝之人了吧！论德行他是圣人，论社会地位他是尊贵的天子，论财富他拥有整个天下，后世在宗庙里祭祀他，子子孙孙都守着他的功业。所以说：有大德的人必定能站到属于他的地位，必定能得到他应得的财富，必定能得到他应得的名声，必定能得到他应得的寿数。所以，上天生养万物，必定根据他们的资质而厚待他们，能成才的得到培育，不能成才的就遭到淘汰。《诗经·大雅·假乐》中记载：高尚优雅的君子，有光明美好的德行，让人民安居乐业，享受上天赐予的福禄。上天保佑他，任用他，给他以重大的使命。所以，有大德的人必然会承受天命。（原文：《中庸》第十七章 子曰："舜其大孝也与！德为圣人，尊为天子，富有四海之内，宗庙飨之，子孙保之。故大德者必得其位，必得其禄，必得其寿。故天之生物，必因其材而笃焉。故栽者培之，倾者覆之。《诗》曰：'嘉乐君子，宪宪令德。宜民宜人，受禄于天。保佑命之，自天申之。'故大德者必受命。"）

由此可见，我们不要抱怨自己怀才不遇、环境不理想，应该多在孝敬父母、积德行善、才华精进、涵养德行上下功夫、这是学习本章的重点所在。

中华文化认为孝是做人最基本的德行，儒家以孝治国，将这种政策推广于天下就是仁政、善政的一种表现。本章论述了以孝治国的重要性，中华民族是世界上最讲孝道的民族。家喻户晓的二十四孝故事、以孝治国这些名词已经深入人心，为民众所践行和传播。试想一下，如果每一家都能做到孝敬老人，能做到《礼记·礼运篇》中所要求的：大道之行也，天下为公，选贤与能，讲信修睦。故人不独亲其亲，不独子其子，使老有所终，壮有所用，幼有所长，鳏寡孤独废疾者皆有所养，男有分，女有归。货恶其弃于地也，不必藏于己；力恶其不出于身也，不必为己。是故谋闭而不兴，盗窃乱贼而不作，故外户而不闭。是谓大同。白话文的意思是：大道施行的时候，天下为人民所共有。选拔有德行的贤人，推荐有道德的能人，讲求诚信、修行和睦，所以人民不只是孝敬自己的双亲，不只是慈爱自己的子女，而是使老年人可以颐养天年，使壮年人可以有所作为，使幼年人能够茁壮成长，鳏夫或寡妇、孤儿或无后者、残疾或生病的人，都可以得到照顾与供养。使男子各有职业，使女子出嫁，各有归属。财货，厌恶被任意抛弃在地上，却不必只是自己想占有收藏；力气，厌恶自己有能力却没有用出来，尽力却不必只是为自己。因此，阴谋被堵住了，没有人做坏事了，盗窃、作乱、贼杀都不会发生，所以家家户户大门可以不关闭，这就是大同社会。

"百善孝为先"。为了绵延和弘扬中华优秀传统文化的道德，我国有关法律规定，孝敬父母是公民的义务和责任。美国法律规定，子女不用孝敬父母。人人都会老，如果我们孤苦伶仃地老去，子女不在身边孝顺自己，这样的人生不是理想的人生吧！这是中西文化关于孝道观念的不同之处。著名的京剧《四郎探母》在美国上演的时候，美国的老人能连续看好几

遍，许多老人被剧中的杨四郎和铁镜公主的孝心所感动，希望自己的儿女能像杨四郎和铁镜公主一样孝敬父母。由此可见，人同此心，心同此理。人与人的交往，贵在心性相通，只有心性相通，才能产生共鸣和共情。这就是"知我者谓我心忧，不知我者谓我何求"的深刻含义。

"羊有跪乳之恩，鸦有反哺之义""树欲静而风不止，子欲养而亲不待"，父母的养育之情，我们终生都应该懂得知恩、感恩、报恩，终身孝敬父母的养育之恩。如果家家都能做到《礼记·礼运篇》所要求的，社会风气自然就会好起来。

启示与思考

范仲淹当年在苏州创立义庄制度，号召范氏中有能力、能奉献爱心的人士用自己的俸禄购买田产，这种田产是公田，公田所获得的地租，用以赡养范氏家族中的弱势群体，让没有能力的残疾孤独者老有所依、少有所教。范氏义庄有八九百年的漫长历史，在中国历史上是独一无二的，在世界历史上也是独一无二的。设计这种制度的思想，也可以说是最早的社会主义慈善机构。义庄设有义宅，供族人借居。范仲淹所创立的义庄制度，对我们今天的社会慈善和社会治理有什么借鉴意义？

七

中庸指引我们如何坚守与人为善这个传统观念

《中庸》第八章论述：孔子教育弟子说："颜回的为人处世是这样的，他选择中庸之道，得到了一种好的道理，便牢牢地记在心头，再也不让它失去。"（原文：子曰："回之为人也，择乎中庸，得一善，则拳拳服膺而弗失之矣。"）那么，孔子表扬颜回得到什么样的道理就不会让它失去？第七章和第八章要结合起来学习，才能理解孔子为什么要这样表扬颜回。

颜回是孔子最喜欢的弟子，能做到"三月不违仁"，说明颜回一直在践行老师的谆谆教诲。《论语·雍也》也记载了孔子对颜回的赞扬之词："贤哉回也！一箪食，一瓢饮，在陋巷，人不堪其忧，回也不改其乐。贤哉回也。"表扬颜回不为贫贱所纠结，能做到三月不违仁，仁者爱人，遇到事情能做践行中庸之道，不虚荣、不攀比、对待人生，安贫乐道，虽然吃的、喝的都很简单，居住在简陋的房间里，颜回也不改其践行仁道、与人为善的志向，践行中庸之道，这是圣人表扬颜回的关键所在。

唐朝著名的文学家刘禹锡在名篇《陋室铭》中写道："山不在高，有仙则名。水不在深，有龙则灵。斯是陋室，惟吾德馨。"白话文的意思是：山不在于有多高，有了神仙就会出名。水不在于有多深，有了龙就会有灵气。即使是简陋的房子，如果居住在这个屋子的人的品德好，也就感觉不到房屋简陋了。《陋室铭》强调了道德涵养、道德自律、安贫乐道的重要性。回顾历史，与刘禹锡同时期的富豪早已经灰飞烟灭，《陋室铭》却能成为千古名篇，绵延和传承了中华民族对德行和道德的向往和追求，由此可见，中华民族对道德的追求高于对财富和权力的追求，对道德涵养的诉求高于对功名利禄的追求。

笔者到大学去讲座，经常会有学生问一个相同的问题：待人友善会吃

亏吗？比如，寝室的同学经常让自己帮着做诸如打开水、买吃的、买药以及送雨伞等类似的事情。可是，等到自己需要帮忙的时候，有少数同学却比较自私，不愿伸出援助之手。得到的回报与曾经付出的帮助不成正比，这就让一些学生产生了疑惑：待人友善会不会吃亏？

　　教育的关键在于让学生开悟、顿悟。中国传统文化的教育大道是让每一个学生都能成为一个堂堂正正的人，这与我们新时代教育方针"立德树人"是一以贯之的。北京汉德三维集团一直在践行立德树人的教育理念。秉承"服务万千学子，造福万千家庭"的教育初心，助力实业振兴、大国工匠、乡村振兴需要的各类人才，涵养技能与人文素养相结合的教育方向，为办人民满意的教育而不懈努力。其培养的人才受到了社会的欢迎，得到了社会的认可和家长的认可。

　　与人为善是一个人的高尚品德。无论是《大学》中的"大学之道，在明明德，在亲民，在止于至善""楚国无以为宝，惟善以为宝"等经典论述，还是"善始善终""善有善报""但行好事，莫问前程"等千百年来流传下来的典故和成语，都值得我们用心去感悟，并且在生活和工作中去践行"择乎中庸，得一善，则拳拳服膺而弗失之矣"。这是启蒙学生觉悟的有效途径之一。

　　教师还应该引导学生认识到，学习的目的之一就是如何做一个友善的人。关怀需要帮助的人是知识分子起码的道德品质，从关心周围的同学开始到将来关心国家大事及民众疾苦，这是一个践行和感悟的过程。如果总是纠结于处处要回报、功利主义盛行，那么人生的格局和视野未免显得太低，如果人人都这样功利，社会的风气就会浮躁不安。

　　近期发生的校园伤害事件也提醒教育界：一味地进行专业知识的灌输是不全面的教育。学好专业知识只是有了养家糊口的工具，学会如何做一个友善的人和有益于社会的人才是全面的教育，这是素质教育的内核。应该教育我们的学生意识到，对人的友善是一个合格公民的基本修养，也是中华文化和教育的基本要求。

　　在应试教育的压力下，我们或多或少地忽视了对学生如何做人的引导。似乎一个学生只要学习好，就可以"一俊遮百丑"，别的什么都会好，真的是这样吗？对分数过分看重，导致我们忽视了教育学生如何学会做人：对生命要有敬畏之心，要与人为善。关爱社会，先从关爱周围的人开始。要想服务社会，先从服务周围的人开始。许多真实的案例告诉我们：人心正，然后再去学技能才能服务好社会；人心不正，学了技艺反而会害人害己。正应了孔子所讲的"志于道，据于德，依于仁，游于艺"。从传统文化的角度来看，学习专业技术只是一门技艺，而有志于大道之行才是更重要的教育方向。

社会主义核心价值观倡导的理念，从国家层面来看，是富强、民主、文明、和谐；从社会层面来看，是自由、平等、公正、法治；从公民个人层面来看，是爱国、敬业、诚信、友善。结合传统文化中对友善的经典解读，我们发现：友善是一种品德，友善是一种价值观，友善是一种修养，友善是做人的基本情怀。

纵观历史兴衰，国之乱臣、败家之子，才有余而善不足者，以至于颠覆者数不胜数。所以，历史学家司马光曾经对"止于至善"做了一个经典的论述：君子挟才以为善，小人挟才以为恶。挟才以为善者，善无不至矣。挟才以为恶者，恶亦无不止矣。正如《周易》所讲："善不积不足以成名，恶不积不足以灭身。"结合传统文化的经典教育和社会的共识，答案已然明了：待人友善不吃亏。这是绵延与弘扬"人之初，性本善"的历史观念和文化观念，这也是中华传统文化人文教育的核心与重点。

启示与思考

近期发生的校园伤害事件也提醒教育界：一味地进行专业知识的灌输是不全面的教育。学好专业知识只是有了养家糊口的工具，学会如何做一个友善的人和有益于社会的人才是全面的教育。应该教育我们的学生意识到，对生命的敬畏和对人的友善是一个合格公民的基本修养。你认为应如何涵养学生的素质教育？

八

学习中庸后，资质平平者也可以有所建树

《中庸》第九章：孔子说："天下国家是可以治理的，官爵俸禄是可以辞让的，锋利的刀刃也可以践踏而过，但中庸却是不容易做到的。"（原文："天下国家可均也，爵禄可辞也，白刃可蹈也，中庸不可能也。"）

这一段话说明了圣人对中庸的深刻理解。特别强调了能做到中庸是一件不容易的事情。既然知道中庸是一种方法论，我们就应该谦虚地去学习，学以致用、知行合一、正德厚生、经世济用。在实际学习中践行中庸的方法来提高自己觉悟、觉醒的能力。启发我们的灵性和潜能，即使是资质平平的人，如果能学好中庸这个方法论，也可以成为一个对社会、国家有用的人才。这就是久久为功、久久为善的深刻含义。

每一个人到这个世界上，都是独一无二的，都有自己的天赋。我们的家长和教育如果能将孩子的天赋和兴趣爱好启发、启蒙出来，用第一流教育的理念来引导和涵养，每一个学生都可以成为对社会和国家有用的人才。这就是圣人孔子所说的"因材施教""有教无类"的重要性。圣人在几千年以前都在践行"因材施教""有教无类"的教育理念。由此可见，要培养人才，必须要有第一流的教育观念。极高明而道中庸就是第一流的教育理念和认知，需要我们用心去领悟、觉悟。

在现实生活中，我们经常遇到一些学生不爱交流、不爱说话、人一多说话时紧张，脸红，语无伦次，对做什么事情都打不起精神，没有信心，缺乏自信、不善于表达，年纪轻轻看着就暮气沉沉、缺乏朝气、缺乏生机，缺乏灵气，为什么会这样？究其原因，是因为缺乏文化自信、没有找到人生奋斗的目标和方向，缺乏使命感和责任感。导致饱食终日，无所用心。我们现在的教育有一个现象值得反思：知识灌输比较多，关注学生每一个

人的个性少，尊重孩子的天性和兴趣爱好少。科目分得细，貌似很专业，看着很热闹，可真正关心每个学生的价值趋向和兴趣爱好的却很少。应试教育把学生变成了考试机器，缺乏启蒙、启发学生天生的爱好和兴趣的培养和引导，以至于经过多年的考试，学生中大部分都呈现出暮气沉沉、缺乏灵气、缺乏朝气蓬勃的现状，这是家长和教育工作者应该注意的地方。

我们不要把五千多年的文化底蕴、教育方法、道德观念丢在一边，而去空谈文化自信。一定要理解文化自信的深刻内涵，传统文化是大江大河，传统文化是高山流水，传统文化是人生的指明灯，在我们心灰意懒、走投无路的时候如曙光一样给我们指明前行的大道。传统文化是博大的海洋，我们每个人只是其中的一滴水。一滴水会干枯，如果放在大江、大河、大海中才不会枯竭。这就是中华文化博大精深、厚德载物的意义所在。

我们试想一下：即使我天生良知良才，也应该到群众中去接受学习和考验。传统文化讲"君"者，"群"也。君和群是同音字，君子是群众的"领头羊"。有一个成语叫敬业乐群，强调领导干部要走群众路线的重要性。

如果我天生资质平平，长得也不帅气、不漂亮，家里也不是官二代、富二代，自己的背影就是自己的背景。传统文化要求我们："自强不息，厚德载物。""我不识一字，也要堂堂正正地做一个人。"如何能做到自强不息、厚德载物？如何能做到"堂堂正正地做一个人"？这就需要方法论。这也是学习中庸之道的关键所在。

孟子"尽其心者，知其性。知其性，则知天矣"。我们表扬一个人良质良能，良质良才，主要是先看这个人的质地如何，再看这个人的才华如何。韩愈表扬孟子"醇乎其醇"，表扬荀子"大醇小疵"，就是从质地和才华这两个角度去评价的。每一个人都有自己的天性，这个天性是老天给的，也

就是天赋的爱好。发挥自己的天性和天赋的兴趣和爱好，而不是压抑、压制自己的天性和天赋，天赋给人的东西很多，如恻隐之心、羞恶之心、恭敬之心、是非之心，人人有之。这几种心理就是性善论的根据，是仁、义、礼、智这些美德的萌芽，也是每个人固有的天赋。人之所以会变恶和变坏，价值观扭曲，是因为成长和成才的环境不好，导致其不能发挥自己天性具有的仁、义、礼、智。如何保护自身天性中的善行，即使受了环境的影响，还是要"择善而固执"，而不能放任自流，自暴自弃。这也是孟子所倡导的"学问之道无他，求得放心而已矣"。白话文的意思就是：学问之道没别的，就是找回来那丧失了的善心罢了。

衣食住行、吃喝玩乐、饮食男女是人的天性，也是天赋给人的一种能力。孟子早就告诫我们，将毕生的精力用在衣食住行、吃喝玩乐、饮食男女上，这叫"养其小体为小人"。那什么是大体呢？我们都知道一句话"识大体，明事理""识大体，顾大局。"大体在这里的意思是重要的道理。举例说明：如果一个官员的心思都用在争权夺利、追求物质享受、吃喝玩乐上面，不关心群众的忧乐，只顾自己升官发财，就是不识大体，也不顾大局。顾大局就应该是"穷则独善其身，达则兼善天下"。

一个人一辈子只在吃喝玩乐上下功夫，人们会打心底看不起他，因为他保养小的部分，而失掉了大的部分。孟子"无以小害大，无以贱害贵。""养其小者为小人，养其大者为大人。"就说明了这个道理。

笔者上学的时候，同宿舍有一位同学，毕业多年，我们还联系着。遇到困难，我们同学中能帮助他的，都会予以帮助。他家里困难，长得也很普通，学习一直中等，可是他有一颗善良的心，乐于助人。比如，帮同学买火车票、帮同学打水、帮助更加贫困的学生，谁如果病了，他会一直照看着。就是这么一个好人，乐于奉献，养成了助人为乐的品德。他在帮助同学中赢得了同学们的尊重。一二十年后，我们能帮助他的，一直在帮助，应了《道德经》中所说的"天道无亲，常与善人"。

孟子将仁义忠信、乐善不倦称为天爵。我们都喜欢仁义忠信的人，没有人喜欢奸诈狡猾之徒。公卿大夫，这是社会爵位。《孟子·告子上》有言：现在的人修养天赐爵位，以此来追逐社会爵位，得到社会爵位以后，就丢掉了天赐爵位，那实在太糊涂了，最终必然连社会爵位也丧失掉。党

的十八大以来,反腐力度不断加强,许多腐败分子由于丧失了天爵,而挖空心思争权夺利,成为一个彻底的权力和金钱的追求者,辛苦几十年,结果连自己的身家性命也搭进去了,这些腐败分子就是典型的"以小害大,以贱害贵"。由此提醒我们的教育系统,在各级干部培训中,应该早点把这些关于人性的道理和大道告诉他们,这就是"善教得民心"的深刻原因。

清代诗人袁枚通过《苔》:"白日不到处,青春恰自来。苔花如米小,也学牡丹开。"告诉我们,要强大自己,就要自强不息,做一个对社会、对国家有用的人。

学习中庸的方法,涵养我们的自信心。启发自己的天性,尊重孩子的兴趣爱好,予以引导和鼓励,让孩子成为一个积极向上、充满阳光的少年,不辜负这个时代,不辜负自己的使命。这是我们学习中庸的重要性所在。天生我材必有用,这是真正的文化自信。观念一变,自见生机。自见生机,还需自己去涵养自信、久久耕耘、久久为功、久久为善。即使是一个资质平平的人,也可以活得有价值、有意义、有光彩。

启示与思考

如何理解孟子所倡导的"学问之道无他,求得放心而已"?

九

中庸教会我们如何实现"知识—文化—智慧"的融通

《中庸》第二十七章：伟大啊，圣人的道，浩瀚无边，生养万物，与天一样崇高。充足而宽裕！大的礼仪有三百项，细的仪节有三千条，这些都有待有德之人来施行。所以说，如果不具备崇高的德行，就不能凝聚极高的道。因此，君子尊崇道德而又追求学问，既能达到广博的境界而又能穷尽精微之处，既能达到高明的境界而又遵循中庸之道。温习已有的知识从而获得新的知识，敦实笃厚而又崇尚礼仪。所以，身居高位不骄傲，身在低位而不悖逆。当国家政治清明时，他的言论足以振兴国家，国家政治黑暗时，他的沉默足以保全自己。《诗经·大雅·烝民》说："既明智又通达事理，可以保全自身。"大概说的就是这个意思吧？（原文：大哉圣人之道！洋洋乎！发育万物，峻极于天。优优大哉！礼仪三百，威仪三千。待其人而后行。故曰苟不至德，至道不凝焉。故君子尊德行而道问学，致广大而尽精微，极高明而道中庸。温故而知新，敦厚以崇礼。是故居上不骄，为下不倍。国有道，其言足以兴，国无道其默足以容。《诗》曰："既明且哲，以保其身。"其此之谓与？）

这一章论述了以下三个核心问题。

第一层盛赞圣人之道，赞扬圣人之道像天地一样广阔浩瀚，像天地一样能生养万物。因为圣人之道的核心是仁。我们观察大自然的果实，如杏仁、核桃仁、苹果仁、小麦、玉米以及所有的坚果，它们的果实中心都有一个核心，这个核心很小，但是如果把果实当种子，这个种子在第二年就会生长发育、开花结果，起作用的就是果实核心的这个"仁"。由此可见，这个仁具有生长发育、开花结果的功能。人人都有一个心，这个心就是作为人的核心。心为"君主之官，神明出焉"。我们的心中都有仁，将这种仁心推广到社会交往，就是仁者爱人、仁人君子、我们将居心仁爱而待人宽容称为"宅心仁厚"。将这种仁者爱人的思想推广到与社会大群交往，就是"博爱之谓仁"。将这种"博爱之谓仁"的做法推广到治国理政，就是仁政。

历史上的秦二世胡亥以法家为师，"今日即位，明日用箭射人"。如此刻薄寡恩，不几日，天下便大坏。自己惨死在宦官赵高手下，让天下人耻笑。子婴是秦朝的第三位皇帝，在位只有几十天，却干了一件大事，运用谋略杀死了"指鹿为马"祸害秦朝的赵高。当年秦二世胡亥想杀死蒙恬时，子婴就劝胡亥：蒙恬是有功于秦国的武将，而主上想一下子抛弃他，我私下认为不可取。我听说考虑事情轻率的人不能治理好国家，自以为是的人连性命也难保，谋杀忠臣而任用没有节操品行的人，会使朝中群臣互相不信任，也让在外作战的将士们离心离德，我私下认为这样做是不对的，可是秦二世胡亥根本不听，最后落得个身败名裂，成为亡国之君的悲惨地步。

在楚汉之战中，刘邦进入咸阳，子婴看秦朝的大势已去，为了不殃及百姓，只好投降。有人建议杀死子婴，刘邦却说了一句名言"杀降不祥"。意思是指杀掉前来投诚的人，将会为自己的军队或国家带来不利的后果，不是一件吉祥的事情。而项羽率领大军进入咸阳后，兴师问罪，立刻杀死子婴，纵火焚烧秦宫室，并进行大屠杀。由此可见，刘邦仁厚，而项羽残暴。仁厚者治国能惠及百姓，残暴者治国必殃及自身。这样的案例不断在历史上上演，这就需要第一流的教育来涵养。

群经之首的《周易》强调"天地大德曰生"，让万物生长发育、开花结果、生生不息就是天地最大的品德。圣人学习大自然这种大德，在生活、个人修养、与社会大群交往、治国理政之中践行仁者爱人这种价值观念。

第二层意思是讲圣人之道，必须要具有高尚道德的人来承担，礼仪也必须由高尚道德的人来实行，这样才具有公信力，能做到让群众心服口服。"力可以得天下，不可以得匹夫匹妇之心"。得民心者一定要具有仁爱之心、视民如伤、宽厚之心。法律也应该有人文关怀的温度。这是人同此心、心同此理的深刻道理所在。这教导我们君子应该尊崇道德的修养，同时又要去追求第一流的学问，将道德修养和学问结合起来，践行中庸之

道，敦厚笃实而又能崇尚礼仪。如果能做到这样，才能践行圣人之道。朱熹认为，故君子尊德行而道问学，致广大而尽精微，极高明而道中庸。温故而知新，敦厚以崇礼。最能体现圣贤精神，要求学者尽心尽意用心领悟，这就是经典的魅力所在。

第三层意思讲如何运用智慧。能做到身居高位而又能谦和为人，身在低位而不悖逆，自强不息。这就是有智慧的表现，传承了《论语·宪问》的智慧"邦有道，危言危行；邦无道，危行言逊"。如果能做到这些，既不失其道，又能保护好自己。

我们如何学习本章的智慧来指导我们的人生？对当代价值观有什么指导意义？学以致用，知行合一是传统教育的理念。

有一个成语叫"德成智出"。意思是一个人的道德水平到了一定程度，他的智慧就会显现出来。圣人孔子说"有德者必有言，有言者不必有德"。意思是说：有道德的人一定有出色的言论，有出色言论的人不一定有道德。这强调了道德涵养的重要性，我们千万不要轻视道德的自律性，忽略追求道德的价值观。人如果能做到道德自律，就是有人格尊严的一种表现。所以，孟子强调："人之所以异于禽兽者几希？庶民去之，君子存之。"

客观地讲，人类走到今天，积累了无数的知识，但其实任何一个专业领域的知识，我们就算穷尽一生，也未必能够学完。所以，庄子告诫我们："吾生也有涯，而知也无涯。以有涯随无涯，殆已！"意思是说：人的生命是有限的，但知识是无限的（没有边界的），用有限的人生去追求无限的知识，是一件危险的事情。在现实生活中，老百姓经常说有文凭的人，"有知识、没文化""没文化，真可怕"。只有专业知识，却不知道"王道不外乎人情"这个道理，这样的人学的是死知识，如想实现由知识到文化的跨越，就需要"须在事上磨炼"的真功夫。

国学大师钱穆在《文化学大义》中论述了文化学的含义，认为文化具有"绵延性"与"持续性"。文化是指"时空凝合的某一大群的生活之各部门、各方面的整一全体"。个人只在文化中生活。文化譬如一大流，个人则只如此大流中一滴水，大流可以决定滴水的方向，此水滴无法决定此一大流之方向与路向。文化规范着个人人生，指导着个人人生，而有其超越于每一个个人人生之外、之上的客观存在。这一种存在，即笔者此刻所

要讲的文化学。文化有其"传统性",同时又必有其"综合性"与"融凝性"。人类生活之每一部门、每一方面,必然相互配搭,相互凝洽,相互渗透,而相互凝成一整体。

作为个体,如何与社会大群之间实现"相互配搭,相互凝洽,相互渗透,而相互凝成一整体"?这就需要学习和运用中庸之道,所以说,如果不具备崇高的德行,就不能凝聚极高的道。因此,君子尊崇道德而又追求学问,既能达到广博的境界而又能穷尽精微之处,既能达到高明的境界而又能遵循中庸之道。

"德"者,"得"也。意思是说,道德的"德"和得到的"得"是通音字。你践行了多少有德行的事情,就会得到多少回报。你的道德层次达到什么层次,就会得到多少回报。有一个词叫"无德不报",就是这个意思。得道者多助,失道者寡助这个道理大家都懂。知道了这个道理,我们心底里就会不认可"精致的利己主义者"。践行仁者爱人、送人玫瑰,手有余香、但行好事,莫问前程的道德风范,我们的人生也就不会有太多的纠结和郁闷。从而能做到"心底无私天地宽"的地步。只有久久为善,方能久久为功。

从知识到文化的提升、由文化到智慧的跨越如果离开了道德的涵养,我们的人生就会失去重心。这就是新时代教育理念立德树人的价值所在。

司马迁要求我们做学问要具备"究天人之际,通古今之变,成一家之言"的功底。只有这样,我们才能实现知识到文化、文化到智慧的跨越,才能规避"头痛医头、脚痛医脚"的弊病。

启示与思考

如何实现由知识到文化、由文化到智慧的跨越,是我们一生要思考的人生课题。

十

中庸教育我们如何心平气和地引导孩子

《中庸》第二十八章:"愚昧的人都是自以为是,卑贱的人都喜欢独断专行。生于现在却要返回古代的道路上去。这样做,灾祸一定会降临到他的身上。"不是天子就不要仪订礼制,不要制定法度,不要考证规范文字。现在天下车子的轮距一致,文字的字体统一,伦理道德相同。虽有相应的地位,如果没有相应的德行,是不敢制作礼乐制度的;虽有相应的德行,如果没有相应的地位,也是不敢制作礼乐制度的。孔子说:"我述说夏朝的礼制,夏的后裔杞国已不足以验证它,我学习殷朝的礼制,殷的后裔宋国还残存着它;我学习周朝的礼制,现在还实行着它,所以我遵从周礼。"(原文:子曰:"愚而好自用,贱而好自专,生乎今之世,反古之道;如此者,灾及其身者也。"非天子,不议礼,不制度,不考文。今天下车同轨,书同文,行同伦。虽有其位,苟无其德,不敢作礼乐焉;虽有其德。苟无其位,亦不敢作礼乐焉。子曰:"吾说夏礼,杞不足征也。吾学殷礼,有宋存焉。吾学周礼,今用之,吾从周。")

这一章教导我们不要自以为是、不要独断专行。同时,论述了圣人的理想"吾学周礼,今用之,吾从周"。

我们大家都知道的一句谚语:"良言一句三冬暖,恶语伤人六月寒。"这就是语言的力量,语言是一种能量。好的语言是一种正能量,恶毒的语言是一种负能量。中华文化认为鼓励别人是一种良好的德行,这叫鼓励之德。一句良言,让人感觉到如沐春风,给人力量,鼓舞士气。一句恶语,出口伤人,即使在夏天,也让人感觉到寒气逼人。传统文化教育我们要积口德,对人不要恶语相加。由此可见,良言和恶语是一种能量,也就是我们所说的正能量和负能量。我们观察社会问题,发现社会矛盾有一个升级

的过程，基本遵循由语言冲突到眼神冲突，由眼神冲突再到肢体冲突，也就是我们所说的"祸从口出"。如何讲话，是一种能力、一种艺术，也是一种能量，更是一种涵养和教养。

笔者早上上班时经常看见一些家长因为孩子没有按照他们的意见做事，或者犯了丢三落四的错误，家长便在大街上对孩子大声斥责。孩子觉得：我不是故意的，或许我真的忘记了需要带的学习用品，至于在大街上对我大吼大叫吗？一大早在大街上骂孩子，孩子这一天能有好心情去学习吗？家长自己发泄了情绪，自己这一天能心情愉悦吗？遇见问题解决问题，不要自以为是、独断专行地发泄情绪，保持心平气和的心态去处理问题，和风细雨、春风化育。这是教育孩子的基本素养。

某些家长觉得孩子是我生我养的，必须听从我的指挥，不听话还顶嘴。俨然是冒犯了自己的尊严，于是越说越气、越想越气，更加来劲了，一场"大战"即将上演。所以说，我们的家长最该接受中庸的教育方法。

《论语·子罕篇第九》中普通人常犯的四种错误，但孔子绝不犯的是：凭空揣测，主观臆断，固执己见，自以为是。

就拿教育孩子这件事来说，家长不能用自己的水平来要求孩子，也不能用自己的见识来要求孩子和你是一个水平线的，这对孩子不公平。

笔者母亲今年86岁了，耳聪目明，身体健康，育有五个子女。记忆中，母亲从没有大声呵斥过我们，即使我们犯了错误，她也从不恶语相加、大声责备。我们村里有这么一个真实案例：比我小五岁的一个孩子，他的父母一言不合就吵架，在他十岁的时候父母离婚了，其父再婚后，继母对这个孩子是典型的家庭暴力，一言不合就拳打脚踢，结果这个孩子在12岁左右就离家出走了。后来流落到一个城市，以收破烂为生，染上了恶习，被警察抓了多次，到今天也不知道他的踪影。由此可见，家庭和谐对一个孩子的成长具有关键作用。

笔者母亲虽不识字，但是她老人家经常告诫我们：如果对孩子恶语相加，用难听的话骂孩子，会把孩子身上的灵气和好运气骂跑的。小时候我不理解，后来成家立业了，才知道妈妈的告诫有深远意义和见识。母亲常说的一句话是：人做好事，好事遇人。意思是说，做人要善良，要多做好事，不要做坏事，这样我们遇见的好事就会越来越多。

在这里给家长一个建议：千万不要在气头上责骂孩子，不说一日有三省，一周或者一个月应该找一个时间，一家人坐在一起进行反省。在反省时，不要做对比性的斥责，因为每个学生的个性和爱好不同，开悟和顿悟的时间节点不一样，用考试成绩来衡量孩子，对孩子来说不公平，对大器晚成的孩子更是不公平。父母和孩子应该彼此信任、关怀、体贴，共同涵养一个祥和的成长环境，如时雨化之，如春风风人。

启示与思考

你如何理解"良言一句三冬暖，恶语伤人六月寒"？语言是一种能量，好的语言是一种正能量，恶毒的语言是一种负能量。

十一

中庸教育我们如何知仁、知义、知礼

《中庸》第二十章：仁，就是人自身具有爱人之心，亲爱亲人是最大的仁。义，就是事事做得适宜，尊重贤人就是最大的义。亲爱亲人要分亲疏，尊重贤人要有等级，这就产生了礼。所以，君子不可以不修身。想要修身，不能不侍奉父母亲人；要侍奉父母亲人，不能不了解人，要想了解人，不能不知道天理。（原文：仁者，人也，亲亲为大。义者，宜也，尊贤为大。亲亲之杀（shài 等差的意思），尊贤之等，礼所生也。故君子不可以不修身。思修身，不可以不事亲；思事亲，不可以不知人；思知人，不可以不知天。）

我们熟知的一个成语叫仁义礼智，意思是遵守仁爱、忠信、礼仪并勤学以增见识等伦理规范，是儒教的伦理思想。我们知道了什么是仁、什么是义、什么是礼。同时，中庸要求我们：好学近乎知、力行近乎仁、知耻近乎勇。这也是王阳明所要求的：须在事上磨炼。意思是说：道理我们都懂，但一定要在实践中去领悟，这也印证了实践是检验真理的唯一标准的重要性。

圣人孔子在《论语·述而》篇中表述了自己的担心：品德不加以培养，追求学问不进行讲习 听到义不能相从，有缺点不能改正，这些是我忧虑的事。圣人从品德、学问、闻义、见善思迁四个角度阐述了自己所忧虑的事情。（原文：德之不修，学之不讲，闻义不能徙，不善不能改，是吾忧也。）

现实生活中，我们不喜欢没有道德底线的人，厌恶没有社会公德的人，尊重道德素养高的人。对不厚道、不讲义气的人敬而远之，对不思悔改、作恶多端的人非常厌恶。同时，我们喜欢品德高尚的人，喜欢讲

义气的人，喜欢见善思迁的人。人同此心，心同此理。这就是司马迁所说的"高山仰止，景行行止，虽不能止，然心向往之"的心理预期和文化诉求。

群众表扬一个人就说这个人讲仁义。仁义道德指的是儒家弘扬的仁爱正义的道德标准。韩愈在《原道》一文中写道："后之人，其欲闻仁义道德之说，孰从而听之。"有一个成语叫仁义之师。这里的师指的是军队的意思。意思是伸张仁爱正义、讨伐邪恶的军队。抗战时期，国民政府的抗日军队、八路军、新四军，一切敢于向日本帝国主义做斗争的都是仁义之师，日本侵略者就是邪恶的，从历史的路径看，邪恶者必败，因为邪恶是一种黑暗，黑暗的东西是腐朽的，腐朽的一定会灭亡。二十五史、每一个朝代的警示都记录在案，这就是学习历史和文化的重要性所在。

有一个成语叫忠义千秋。我们知道，很多华人都祭拜关羽，而关羽就是忠义千秋的代表人物。清朝雍正时期，关羽被尊为"武圣"，与"文圣"孔子地位等同。在小说《三国演义》中，名列"五虎上将"之首。清朝著名文学评论家毛宗岗称关羽为《三国演义》三绝中的"义绝"。众所周知，关于关羽的典故和成语很多，比如：桃园结义、披肝沥胆、千里走单骑、夜读《春秋》、单刀赴会、刮骨疗毒、义薄云天、忠义千秋；等等。正是这些成语和典故涵养和塑造了中华文化的民族精神，也塑造了中华民族追求正义、不畏强暴的民族精神。

"死而不亡者寿"出自《老子》第三十三章。意思是说历史上那些对人类社会有过大贡献或者品德高尚的人物虽然已逝，但是却活在人们的心中，被后人怀念千秋万世。这里的寿指的是精神层面和文化传承的意思。现代人物质极大丰富，人文精神却极度匮乏，对人生的价值和精神思考得不深刻，将精力和心思都放在追求权力、金钱上。如何安放内心？这就是觉悟和觉醒的方向所在。

心学大家王阳明在《传习录》中解读了义的含义：心得其宜之谓义。能致良知，则心得其宜矣。我们在苦苦寻求人生的意义和价值，而王阳明在《传习录》中早已给我们指明了大道的方向：致良知就是人生的大道，良知人人都有，只不过让世间的权利和金钱、物质和利益给蒙蔽罢了。一边要求得良心放心，一边想获得无限的金钱和物质，思想深处不去思考

"心如何能得适宜"这样深层次的道德问题，现实中又缺乏践行仁义礼智的能力。这是现代人的困惑所在，时间久了，心病就出来了。即使拥有了巨大的物质财富，内心却不开心，精神也不快乐。现实中这样苦闷的人还少吗？历史和现实早已证明，物质生活满足后，人们的幸福感要靠心理充实和精神愉悦来满足，这是人类文化追求的发展方向。

我们学习也好、追求知识和学问也罢，目的只有一个：如何做一个好人和善人？《大学》也表达了同样的意思：大学之道，在明明德，在亲民，在止于至善。由此可见，中华文化对于学问和知识的基本要求是：如何做到践行仁义礼智？如何能做到有情有义？如何做一个善良的人，做一个有道德的人，做一个远离低级趣味的人？这是中华文化关于世道人心、教书育人的基本价值取向。西方文化追求用知识去征服世界，这种想法很宏大，现实却是解决不了地震、海啸、病毒、疾病所带来的实际问题。由此可见，在大自然面前，用知识去征服自然和宇宙这种想法和观念值得我们反思，这也是我们要求科技向善的深远意义。

启示与思考

生活和学习中，我们如何践行仁、义、礼？

十二

中庸为什么要强调家庭责任的重要性

《中庸》第十五章：君子实行中庸之道，就像走远路一样，必定要从近处开始，就像登高山一样，必定要从低处起步。《诗经·小雅·常棣》所说，与妻子和和睦睦，就像弹琴鼓瑟一样。兄弟关系融洽，和顺又快乐。让你的家庭美满，使你的妻儿幸福。孔子赞叹道：这样，父母也就称心如意了。（原文：君子之道，辟如行远必自迩，辟如登高必自卑。《诗》曰，妻子好合，如鼓瑟琴。兄弟既翕，和乐且耽。宜尔室家，乐尔妻帑。子曰，父母其顺矣乎。）

"家和万事兴"是我们众所周知的一句谚语。家国情怀、家国同构是中华文化重要的价值观念和价值取向。《孟子》告诫我们：天下之本在国，国之本在家，家之本在身。这强调了家庭的重要性。"子不教，父之过。"强调了父母作为孩子教育第一责任人的重要性。

中庸是平平常常的道理，存在于生活的方方面面，所以说"行远必自迩，登高必自卑"。一屋不扫，何以扫天下。强调了家风教育、家庭和谐、家庭祥和建设的重要性。家庭要想和顺美满，要做到夫妻和睦、兄弟关系如手足、父母身体健康。如果大家都心怀忌妒、虚荣、争强好胜、爱慕虚荣、怨恨之心，这样的家庭即使家财万贯，也不会绵延幸福，何来快乐之家？

孟子提出"君子有三乐"，首要的就是"父母俱存，兄弟无故"，最理想的家庭关系是"父子有亲，夫妇有别，长幼有序"，他甚至把这样的家庭伦理观推广到全社会，呼吁人们"老吾老，以及人之老；幼吾幼，以及人之幼"，从敬爱自己的父母、兄长推及爱别人的父母、兄长，最后到"泛爱众"，由"小家"及"大家"，不断巩固"爱亲敬兄"的家庭伦理观。

孟子认为，规范的人伦关系是建立完善道德规范的基础，因此他提出了"五伦"的想法："父子有亲，君臣有义，夫妇有别，长幼有序，朋友有信。"

　　孟子把社会上所有成员的人际关系分为五类，即父母与孩子、君与臣、夫与妇、长与幼以及与朋友之间，并指出人和禽类的区别在于，人处在复杂的社会关系之中，也就是说，如果一个人做不到"五伦"所说的规范，那他也就不能称为人，因此，"五伦"在古代中国具有协调家庭关系、规范家庭成员行为、维系社会稳定的意义。

　　这一观念在人们心底根深蒂固，家庭之中口口相传最终成了一套具有普遍规范性的中国传播规范，这种具有明确双向约束性的道德准则迎合了封建统治者巩固君权、社会昌平的需求，对维护封建社会君主集权、保障社会秩序稳定意义重大。

　　孟子同时告诫我们，不孝有五种情况。一是四肢懒散，家无余粮，不赡养父母。二是喜欢赌博、酗酒，不赡养父母。三是喜欢钱财、偏爱妻子儿女。四是放纵耳目的欲望，也就是吃喝嫖赌，一心一意在吃喝玩乐上用尽心思，精神层面和道德层面没有丝毫长进。在吃喝玩乐中惹出许多事端来，受法律的制裁，使父母蒙受羞辱、败坏家风。这种案例可以说每天都有。五是逞强好胜、好勇斗狠，危及父母和家庭的安宁。

　　由此可见，"天下之本在国，国之本在家"。这也是儒家强调的：正心之后方能修身，修身之后才能齐家，齐家之后方能治国，治国之后，才能平天下的格局。家庭关系的和谐是家庭幸福的标志，试想一下，如果父母成天吵架，闹得鸡犬不宁，孩子在这样的家庭中会安心学习吗？如果一个家庭没有养成读经典书的习惯，这个家庭是书香门第吗？如果父母成天赌博、玩游戏、玩自媒体，孩子还有心思去安心读书吗？父母是孩子最好的老师。父母以身作则、行为世范最为关键。孩子也就会向好、向善、向正。令人欣慰的是北京书院多年来构建书香社会，一直践行"修心、和家、融天下"的教育理念。为构建良好的社群关系，从小区的每一个家庭开始，厚植守望相助、疾病相扶持的传统邻里的观念。疫情期间，小区居民互帮互助，共同渡过各种难关，践行同心同德、团结就是力量的感人画面。让小区的孩子从小就知道如何去修心、涵养道德的重要性，拒绝冷漠、关爱集体、如何去厚植中华传统文化中的文化之心，践行"心正，以应无穷"的文化涵养、家和万事兴的重要性、从和家开始，扩大到小区、社会群体的重要性，再到融天下的家国情怀。这就是家风教育、社会环境对孩子教育的重要性。我们试想一下，如果每一个家庭、每一个小区都能践行北京书院这种教育，我们和谐社会的建设、我们的家庭教育、我们的社会环境是不是都能做到守望相助、疾病相扶持的良善状态？

启示与思考

你如何理解"穷则独善其身，达则兼善天下"这句流传了几千年的名言？

中篇

知礼仪、讲诚信：中庸的社会智慧

一

中庸关于礼仪教育的论述

《中庸》第二十章论述：所以处理好政事主要取决于用什么样的人才，要得到适用的人才关键在于修养自身，修养自身在于遵循道德，遵循道德要以仁为本。仁，就是人本身便具有爱人之心，亲爱亲人就是最大的仁。义，就是事事做得适宜，尊重贤人就是最大的义。亲爱亲人要分亲疏，尊重贤人要有等级，这就产生了礼。所以，君子不可以不修身。要想修身，不能不侍奉父母亲人；要侍奉父母亲人，不能不了解人；要想了解人，不能不知道天理。（原文：故为政在人，取人以身，修身以道，修道以仁。仁者，人也，亲亲为大。义者，宜也，尊贤为大。亲亲之杀，尊贤之等，礼所生也。（在下位不获乎上，民不可得而治矣。）故君子不可以不修身。思修身，不可以不事亲；思事亲，不可以不知人；思知人，不可以不知天。注：《中庸》二十章节选）

中华文明是礼仪之邦，礼仪之邦表现在什么地方？在社会交往中礼仪有多重要？中华传统文化强调：礼节贵在谦卑，智慧贵在崇高。谦卑效法地道，崇高效法天道。如果没有礼仪，何来规矩？如果没有规矩，何来社会秩序？社会交往中，没有人喜欢傲慢无礼的人，也没有人喜欢居高临下的人，更没有人喜欢毫无敬畏之心的人。这就需要礼仪的教育和涵养，这就是礼仪的重要性。

礼仪有多重要？举一个例子：在美国，如果父母回家，看见孩子躺在客厅的沙发上看电视，孩子不用和父母打招呼，美国文化认为这是孩子自由的权利。但是在我国，这种情况是不允许的。为什么？中华传统文化的礼仪认为：这是缺乏家教的表现。父母风里来、雨里去地在外工作，回到家中，如果孩子只顾自己躺着玩游戏、看电视，不给父母打招呼，不知这样的父母心里如何想？这是中美文化不同的一个表现。

什么是礼？"礼"者，"理"也。"有理走遍天下，无理寸步难行"。这是我们熟知的一句话，其说明了礼仪和讲道理的重要性。知礼就能起到保家、守身、安位的作用。礼者养也，由此可见，礼就是教养的意思。违礼就是违法。中国传统社会，礼常常作为人们的行为规则、道德规范和各种社会交际中礼节的总称，在政治、文化、教育和社会生活中占有重要的地位。从隋唐以下，礼部是中央行政机构的六部之一。这是礼仪之邦的制度性规定。

中华民族是礼仪之邦。在五千多年的历史文化中，产生了许多关于礼仪的成语。比如，"礼之用，和为贵""德不孤，必有邻""以礼相待""礼贤下士""礼义廉耻""礼崩乐坏""礼尚往来""礼贤远佞""先礼后兵""礼让为国"等。西汉时期的经典著作《礼记》中有记载。著名的"大道之行也，天下为公。选贤与能，讲信修睦。""玉不琢，不成器；人不学，不知道。是故古之王者建国君民，教学为先。"就出自《礼记》。《礼记》中的《少仪》要求"不窥密"，意思是不窥探他人的私密，也就是我们今天讲的保护个人的隐私权。这样具有前瞻性的教育难道是封建教育吗？所以说，如何将传统文化的智慧进行"创造性转化和创新性发展"非常有必要。鉴古知今，为我们现代人如何安身立命、为人处世贡献了许多智慧。

社会的良善治理，必须要有礼治。中国传统社会认为：礼治重于法制。礼治带有自觉性、融通性、人文关怀性。法律带有强制性，如果判决不公，容易引起新的矛盾和争端。这是礼治和法制的一个区别。行为有修养，说话符合道理，这是礼的本质。实践证明，多学一些中华文化的礼仪教育很有意义。

新时代的今天，我们的礼仪之邦如何能与时俱进，为构建良好的社会治理、社会公德、社会秩序做出贡献？首先应摒弃拜金主义、享乐主义、极端个人主义和历史虚无主义。新闻里经常报道在高铁、飞机、公共场所因霸占座位而引发争执的新闻，以至于大打出手，这都是缺乏礼仪教育的结果。在公共场所，"熊孩子"不知敬畏、大声喧哗、随地吐痰、损害公物等社会现象时有发生，这也是缺乏礼仪教育的结果。

可喜的是，2016年江苏大学出版社出版了《中华礼仪》这本书，如

时雨化之，正逢其时。该书主要介绍了中华礼仪的相关知识及其应用。全书共分为9个项目，内容涵盖中华礼仪的基本知识、形象礼仪、交往礼仪、校园礼仪、家庭礼仪、公共礼仪、餐饮礼仪、职场礼仪、民族礼仪。对如何做人、如何敬业乐群、融入社会、个人与集体的关系、家庭家教的教育都做了翔实的论述，值得我们学习。

江苏省"八礼四仪"教育活动中，"八礼"指"仪表之礼""仪式之礼""言谈之礼""待人之礼""行走之礼""观赏之礼""游览之礼""餐饮之礼"。"四仪"指入学仪式（7岁）、成长仪式（10岁）、青春仪式（14岁）、成人仪式（18岁），以此教育引导未成年人强化文明礼仪素养。"八礼四仪"作为学生文明礼仪日常行为表现，将纳入学生综合素质评价体系，作为评优评奖的依据之一。

具体表现在：仪表之礼，面容整洁、衣着得体、发型自然、仪态大方。餐饮之礼，讲究卫生、爱惜粮食、节俭用餐、食相文雅。言谈之礼，用语文明、心平气和、耐心倾听、诚恳友善。待人之礼，尊敬师长、友爱伙伴、宽容礼让、诚信待人。行走之礼，遵守交规、礼让三先、扶老助弱、主动让座。观赏之礼，遵守秩序、爱护环境、专心欣赏、礼貌喝彩。游览之礼，善待景观、爱护文物、尊重民俗、恪守公德。仪式之礼，按规行礼、心存敬畏、严肃庄重、尊重礼俗。

江苏省教育部门负责人强调："开展未成年人文明礼仪养成教育在全国还没有先例，《江苏省未成年人基本文明礼仪规范》尚属试行，需要在探索实践中不断加以完善。"主要通过以下几种方式入脑入心。

一是讲好故事。比如南通市通州区实验幼儿园的"幼儿礼仪故事教学"，把礼仪规范故事化，激发孩子们的学习兴趣，使他们听得进、记得住。这是一种寓教于乐，喜闻乐见的教育方式。

二是通过童谣的方式，组织创编了一大批生动活泼、朗朗上口、便于记忆的文明礼仪规范"三字经"、童谣。比如，镇江市的"礼仪童谣大家唱"、扬州市的《"八礼四仪"三字经》传唱等特色活动，使孩子们在歌谣中感受到中华礼仪之美。

三是编创动漫、微电影、情景剧。无锡市拍摄制作50集少儿微电影《礼仪伴成长》，南通市举办"知礼仪，讲文明，展风采"微型剧评选展播

活动，让孩子们在观赏中领会礼仪规范的要求。

四是寓教于乐。让学生有体验感和参与感，这样学生就会记得住。比如，徐州市举办"八礼四仪"手绘画大赛和连云港市少儿版画主题创作大赛，以及各地自编自创的礼仪操、礼仪棋等，让广大未成年人用歌声、画笔和游戏加深了对"八礼四仪"的理解。

我们现在受网络和自媒体的影响很深，如自由、人权、法制、求新求变等观念，这些观念都不错，但是我们对这些观念都能深刻理解吗？我们运用了中庸的方法论了吗？少数家长因为家里经济条件好，溺爱孩子，让孩子变得肆无忌惮，没有敬畏之心。"在家是一条龙，在外一条虫。"在溺爱和宠爱的家庭里，在家是一条龙，出了社会没有人把这条龙当回事，自己处理不了复杂的社会和人际关系，以自我为中心，自私自利，经不起挫折和风雨的历练。于是，心态发生变化，我行我素，毫无敬畏之心，任性发展，极有可能发展成为一条狼。狼在野外可以生存，在人际关系密切接触的现代社会，说白了，法治社会怎么会容忍狼的存在呢？

中华传统礼仪将人与人之间的关系归纳为五伦。《说文解字》中对伦的解释是：伦，常也，做人的常识。五伦就是：君臣、父子、夫妇、长幼、朋友。时代在变化，我们今天没有了君臣关系，但是有爱党、爱国、爱民的关系。父子之道如何处理？夫妇之道如何处理？朋友之道如何处理？群经之首的《易经》讲"居中为吉"。每个人都有个性的差异，如何构建良善的人际关系？这就需要传统文化的礼仪教育。这是构建国家、集体、家庭、人与人之间和社会和谐的基础。

启示与思考

中华民族自古以来是礼仪之邦。你如何理解和践行忠孝、仁爱、信义、和平这些固有的道德？

二

中庸关于诚信的论述

《中庸》第二十一章论述：由真诚而自然明白道理，叫作天性；由明白道理后做到真诚，叫作人为的教育。真诚也就会自然明白道理，明白道理后，也就会做到真诚。（原文：自诚明，谓之性。自明诚，谓之教。诚则明矣，明则诚矣。）

本章论述了这样一个道理：天性、真诚、明白道理的关系，这也是教育的关键所在。

《中庸》第二十二章论述：只有天下极其真诚的人，才能充分发挥他的本性；能充分发挥他的本性，就能充分发挥众人的本性；能充分发挥众人的本性，就能充分发挥万物的本性；能充分发挥万物的本性，就可以帮助天地化育生命；能帮助天地化育生命，就可以与天地并列为三了。（原文：唯天下至诚，为能尽其性；能尽其性，则能尽人之性；能尽人之性，则能尽物之性；能尽物之性，则可以赞天地之化育；可以赞天地之化育，则可以与天地参矣。）

本章论述了真诚既然是一种天性，我们就要去践行。只有真诚的人才能把自己的善性发挥到极致，以这样的态度去和人群与大自然的万物交往，我们就可以帮助天地化育万物，使自己立于与天地并列为三的不朽地位。

《中庸》第二十三章论述：一般的人致力于某一个善端，致力于某一个善端就能做到真诚，做到真诚就会表现出来，表现出来就会逐渐显著，显著了就会发扬光大，发扬光大就会感动他人，感动他人就会引起转变，引起转变就能化育万物，只有天下最真诚的人才能化育万物。（原文：其次致曲，曲能有诚，诚则形，形则著，著则明，明则动，动则变，变则化。唯天下至诚为能化。）

《中庸》从二十一章到二十六章用了大量的篇幅论述了诚信的重要性。由此可见，诚信是一种多么重要的品德。中华民族的经典著作中，关于诚信的论述比比皆是，也说明了在个人修养、为人处世、与大群交往、治国理政中，诚信作为一种道德标准的必要性和重要性。这不是空洞的说教，作为人，如果不诚信，人们就不愿与他交往。作为国家，如果不诚信，怎么能取信于民？

《论语·颜渊篇》讲述了诚信在治国理政中的重要性。子贡问孔子怎样治国理政。孔子说："粮食充足，军备充实，人们信任政府。"子贡问："如果迫不得已要去掉一项，这三者先去掉哪一项？"孔子说："去掉军备。"子贡又问："如果迫不得已还要去掉一项，在余下的两项中先去掉哪一项？"孔子说："去掉粮食，自古以来人都有一死，但如果人们不信任政府，那么国家就站立不住了。"这就是"民无信不立"典故的由来。

《论语》中的"富润屋，德润身，心广体胖，故君子必诚其意。""人而无信，不知其可也。""言忠信，行笃敬。""言必信，行必果。"都说明了诚信的重要性。

"人无信不立，业无信不兴，国无信则衰"这句话从个人诚信、事业诚信、国家诚信三个角度说明了诚信的重要性。历史上关于诚信的典故记载得很多，曾子是孔子七十二贤之一。有一次，曾子的妻子着急要去赶集，孩子哭闹着也要去。妻子哄孩子说：你不要去了，我回来杀猪给你吃。等她赶集回来后，却看见曾子正在杀猪，妻子连忙上前阻止。曾子说：你欺骗孩子，孩子就会不信任你。说着，就把猪杀了。曾子从小就培养孩子讲信用的品德。

北宋时期，晏殊官居宰相之职，文学素养非常高。与欧阳修齐名。"无可奈何花落去，似曾相识燕归来"就出自晏殊之手。晏殊从小就诚实。在他14岁时，有人把他作为神童举荐给皇帝。皇帝召见了他，并要他与一千多名进士同时参加考试。14岁的晏殊神情自然，从容淡定地参加考试，结果晏殊发现考试的题目是自己十天前刚练习过的，就如实向真宗报告，并请求改换其他题目。晏殊的诚实让宋真宗非常赞赏，便赐给他"同进士出身"。宋真宗想给太子选老师，最后选择了晏殊。群臣都很惊讶。宋真宗解释道："近来群臣经常游玩饮宴，只有晏殊闭门读书，如此自重

谨慎，正是东宫官合适的人选。"晏殊谢恩并向宋真宗汇报道："我其实也是个喜欢游玩和饮宴的人，只是家贫而已。若我有钱，也早就参与宴游了。"晏殊的真诚赢得了皇帝和群臣的赞誉。不讲诚信导致国家衰败的典故也很多，最有名的是周幽王的"烽火戏诸侯"。

北宋宰相司马光，一生忠诚不欺，以仁厚爱人为本，司马光曾经住在洛阳编纂《资治通鉴》。有一天，司马光叫来老仆吕直，让他把自己骑了多年的老马牵到集市上卖掉。司马光叮嘱老仆吕直："你一定要告诉买主，这匹马毛色纯正，身高体壮，性情温顺，力气很大，就是夏季有肺病，请他一定要注意。这话必须告诉人家。"老仆吕直笑道："难道有卖瓜的说瓜苦的吗？咱卖马能把人家看不出的毛病告诉给人家？再说虽然马老了，但外表、毛色、个头、力气都很好，里面的毛病别人也看不出来，就是以后发现了也怪不着咱们！"司马光耐心地说："一匹马卖钱多少事小，坏了人的名声事大。为人必须诚实守信，这才是最重要的。不能只顾眼前的蝇头小利而损坏了人的做人名誉，这是做人之道。"因为他的真诚和守信，成就了一代史学家的风范。

真诚是一种道德，这种道德是以"人之初，性本善"和"道法自然"为基础的。一个国家、一个民族、一个团体、一个人，我们都向往和希望交往到真诚的人，我们自己首先要真诚，只有这样，才能做到"一诚天下动"，这就要求我们要绵延与传承诚信的道德自觉、道德觉悟、道德觉醒。社会主义核心价值观中就有"诚信"这个价值观。假大空的虚伪行为，随着时间的推移，早晚会露出"狐狸尾巴"，大到身败名裂，小到不讲诚信而到处碰壁。这样的人，没有人愿意与之交往。这样的案例，历史上的过去、今天、明天依然会有。这就是学习诚信的警醒和价值所在。

启示与思考

诚信是中华民族优秀的传统价值观念，你如何理解"一诚天下动"？对于诚信社会的建设，我们作为学生，应该如何厚植和涵养？

三

中庸为什么强调"至诚之道"

《中庸》第二十四章：最高的真诚，可以预知未来。国家将要兴旺，必然有吉祥的征兆；国家将要衰亡，必然有不祥的反常现象。呈现在蓍草龟甲上，表现在手脚动作上。祸福将要来临时，是福，可以预先知道；是祸，也可以预先知道。所以，最高的真诚就像神灵一样微妙。（原文：至诚之道，可以前知。国家将兴，必有祯祥；国家将亡，必有妖孽。见乎蓍草，动乎四体。祸福将至：善，必先知之；不善，必先知之。故至诚如神。）

本章强调了真诚的重要性，心诚则灵，至于有多灵，需要我们用心去领悟、感悟、顿悟。《道德经》告诫我们：夫轻诺必寡信，多易必多难。意思是说：轻易许下的诺言必然缺乏信用，把事情认为很容易办成的话，真正做起来就会有更多的困难。前半句话教育我们不要轻易承诺，只要承诺就要认真践行，否则就会失去诚信。后半句教育我们不要把任何事情看得很简单，否则就会有预想不到的困难在等着我们。这也是"天下难事，必作于易。天下大事，必作于细"的忠告。

《史记·高祖功臣侯者年表第六》记载：汉高祖刘邦平定天下后，受到分封的功臣有一百多人，但是到了他们的子孙后代时，他们却越来越骄傲和奢侈，忘记了祖先创业的艰难，只管自己吃喝玩乐，毫无敬畏之心，以强欺弱、横行霸道、自以为是、胡作非为、不可一世。这验证了《中庸》的告诫："不善，必先知之""国家将亡，必有妖孽。"到了汉武帝时期，总共才过了一百多年，当年汉高祖刘邦拜将封侯的这些家族，只剩下五个保持了封侯的名誉和地位，其余都因为贪赃枉法、为非作歹、冒犯朝廷而丧身亡国，让家族蒙受耻辱，自己身败名裂。

司马迁感慨道：身败名裂的家族不可一世、争权夺利、骄傲奢侈、纸醉金迷、贪赃枉法。保全封侯爵位的这五个家族一百多年以来，一直践行仁义之道，从不揽权、谦让有礼、厚道谨慎、乐善好施、遵守礼义。这验证了中庸的告诫"善，必先知之。""国家将兴，必有祯祥。"司马迁因此告诫道：君子遵从礼义则大治，不遵从礼义则昏乱；遵从礼义则安定，不遵从礼义就危险。凶恶、傲慢、狂妄、放任、轻视世俗、自以为高人一等的人，如果纳入礼义中来检验，他们就自惭形秽了。其实这些曾经风光无限但很快被惩治的家族，每一个朝代都有，只不过他们给正人君子之家做了一个反面教材而已。清末重臣曾国藩将耕读教育作为治家的根本，强调"以耕读二字为本，乃是长久之计"。耕读世家强调一边勤劳耕耘，一边知书达理。中国是礼仪之邦，那么什么是礼呢？"礼"者"养"也，礼就是教养的意思，当然含有养护、教养、培养的意思。

司马迁在《史记》中告诫我们：治国者要注意三十年和一百年的治国经验。历史上由于政局不稳导致财富的积累不可能稳定。这就是三十年河东三十年河西的深层次含义。西方国家通过基金会、保险、银行、金融、法律等，形成金融家族和金融势力，这些庞大的利益集团，甚至可以左右一个国家的政治、经济、舆论、医疗、法制等规则的制定。这是国际局势错综复杂的一个因素。

中国传统文化认为：积金钱给子孙，子孙未必能守；积书于子孙，子孙未必能读。不如积德于子孙，此乃万世传家之宝训。这就是积德行善的深刻含义。《道德经》也告诫我们：天道无亲，常与善人。这些都强调了积德行善的重要性。

"富不过三代"是我们耳熟能详的一句俗语。意思是说，第一代艰苦创业，第二代锦衣玉食，无所事事，第三代就会变得平庸。告诫富贵之家应该居安思危，不要在富贵之后，成天沉溺于吃喝玩乐，无所事事。饱食终日，无所用心。这也是中华传统文化强调家风教育的重要性所在。

改革开放以来，国家在发展时期，有一些领导干部被糖衣炮弹所打败，一心只想着升官发财，理想信念丧失，沾染了纸醉金迷、及时行乐的不良习气，这些腐败官员心中没有一点敬畏之心。以"富不过三代"这个标准来看，这些腐败分子连自己的一世都没有管好，三十年为一世，腐败分子是不是很可怜？对于家族来说，是不是很可悲？对于自己来说，含辛茹苦读书做官，结果成了阶下囚，是不是毁了自己的人生，也给家人带来了羞辱？由此可见，我们的教育一定要有历史和文化的涵养，多读一些历史书籍。历史上的人物、案例、警示，善可为法、恶可为戒。

《孟子·离娄章句下》：君子之泽，五世而斩；小人之泽，五世而斩。予未得为孔子徒也，予私淑诸人也。白话文的意思是：君子的遗风，影响五代以后而中断；小人的遗风，五代以后传统中断。我没有能够做孔子的门徒，但我却遵照孔子的善道教诲为学行事。

2016年12月12日，习近平总书记在会见第一届全国文明家庭代表时强调：家风好，就能家道兴盛、和顺美满；家风差，难免殃及子孙、贻害社会，正所谓"积善之家，必有余庆；积不善之家，必有余殃"。

启示与思考

司马迁告诫道：君子遵从礼义则大治，不遵从礼义则昏乱；遵从礼义则安定，不遵从礼义就危险。你如何理解司马迁的这些教诲？

四

中庸教育我们如何识民心

《中庸》第二十九章论述：治理天下能够做好议定礼仪、制定法度、考订文字这三件大事，那就很少有过失了吧！夏朝、商朝的制度虽然好，但没有检验，如果没有检验的话，就不能让人信服，不能让人信服，老百姓就不会遵从。身在下位的人，虽然有美德，但没有尊贵的地位，没有尊贵的地位，也不能使人信服，不能信服，老百姓就不会听从。（原文：王天下有三重焉，其寡过矣乎！上焉者，虽善无征，无征不信，不信民弗从。下焉者，虽善不尊，不尊不信，不信民弗从。）

所以，君子治理天下应该以自身的德行为根本，并从老百姓那里得到验证。考察夏、商、周三代先王的制度发现其没有违背的地方。立于天地之间而不悖逆自然，质证于鬼神而没有疑问，等到百世以后圣人出现也不会产生疑惑。质证于鬼神而没有疑问，这是因为知道天理；等到百世以后圣人出现也不会产生疑惑，这是因为知道人情。因此，君子的举动能世世代代成为天下的先导，君子的行为能世世代代成为天下的法度，君子的语言能世世代代成为天下的准则。距离君子远的人常有仰望之情，距离君子近的人也没有厌倦的意思。《诗经·周颂·振鹭》说："在那里没有人憎恶，在这里没有人厌烦。希望日夜操劳啊，使众人永远赞誉。"君子没有不这样做而能够早早获得名望的。（原文：故君子之道，本诸身，征诸庶民，考诸三王而不缪，建诸天地而不悖，质诸鬼神而无疑，百世以俟圣人而不惑。质诸鬼神而无疑，知天也；百世以俟圣人而不惑。质诸鬼神而无疑，知天也；百世以俟圣人而不惑，知人也。是故君子动而世为天下道，行而世为天下法，言而世为天下则。远之则有望，近之则不厌。《诗》曰："在彼无恶，在此无射。庶几夙夜，以永终誉。"君子未有不如此而蚤有誉于天下者也。）

本章要求我们要做到"国不异政,家不殊俗",便会减少过失。要求我们既要尊重大自然的规律,又要知道和了解社会的礼仪和人生的使命,这样才能做到众望所归,从而获得天下人的赞誉。

科技的快速发展,信息的瞬息万变,使我们每天生活在信息海洋化、互联网无处不在、自媒体自说自话的生活环境之中。要想获得一个宁静致远的环境,是很不容易的。没有一定的定力,就会进入一种状态:"愿意的人,命运领着走;不愿意的人,命运拖着走。"时代的风气如此,似是而非的资讯、良莠不齐的观念、许多模糊的语言围绕在我们周围,我们如果没有养成分辨好与坏、是与非、善与恶的能力,就会被时代的不良风气裹挟着、盲目地往前走。这些似是而非、良莠不齐的观念实际上是一种能量。有好的能量,也有不好的能量,也就是正能量和负能量。人是观念的集合体,因此,如何分辨好与坏、是与非、善与恶就显得极为重要。这也就是圣人孔子所说的:志于道,据于德,依于仁,游于艺。意思是说:志向在道上,据守在德上,依靠在仁上,游憩在艺上。

如何能不被似是而非的资讯、模糊的观念以至于许多错误的观念裹挟着往前走?教育的经验是要救人,先自救。家长要知道教育的本质是自己要懂教育,然后才能培养出优秀和杰出的孩子。如果一味地被时代不良习气所裹挟，有灵气的孩子就有可能被打着以教育培训的名义所伤害，而沦为考试机器。我们都向往能成为文质彬彬、知书达理的人，那么中庸给我们指明了教育的大道，需要我们用心去领悟。

传统社会，把两种人称为先生。一个是老师，一个是医生。一个救心，一个救命。范仲淹当年的理想：进则救世、退则救民；不为良相，便为良医。正是有了这样的大志向，才能成为天下第一流人物的千古名相，行为世范，堪称楷模。

有一副著名的对联：世上几百年旧家，无非积德。天下第一件好事，还是读书。中国人对书香门第的尊重与向往，成就了我们历史和文化的绵延不绝，源远流长，发扬光大。

中国传统教育有一观点，君子和小人之分。书香门第有一个理想，就是要把自己的子弟培养成君子。君者，群也。君和群字是通音字。圣人孔子教育子弟"汝为君子儒，无为小人儒。"在中国传统教育观念中有一个重要的观念，那就是君子和小人的观念，这是一种人品观念。君者，群也，一个人要想成为君子，必须要到社会这个大家庭之中去施展才华，视民如伤（将老百姓的伤痛视作自己的伤痛），这叫敬业乐群，也是我党要求各级干部必须要走群众路线。而不是为了自己的利益，自私自利，心胸狭窄，眼光狭隘，不顾及社会大众和群众的利益，传统文化将这种人称为小人。君子的志向在于践行大道之行，天下为公。

现代西方的教育，主要精力在于传播知识与训练技能，追求的目标很简单——有了技能，有了文凭，谋一份好的职业，仅仅局限于经济层面、物质层面、权力层面的追求，似乎人生的目的只是技能、金钱、权利。这些所谓的理想都属于功利性质，一生用心也只是在经济这一点发力，经济说到底还是物质层面的追求。我们的人生难道只有物质和经济的追求吗？这样的人生是我们想要的人生吗？至于正心、修身、齐家、治国、平天下这样的理想和气势，西方的教育是缺乏的，这是西方文明为什么中断的原因之一。顾炎武所要求的"天下兴亡，匹夫有责"这样的人才，西方的现代教育不可能教育出这样的人才。从现代西方的政客身上，英国一年换三个首相，从中我们可以看到西方政治和教育的悲哀。这些政客都很平庸，擅长表演，急功近利，为了选票，竞选时豪情万丈，相互对骂；当选后问题依旧，无人问津。竞选上台表演几年，黯然退场。接着是下一场表演。城头变幻大王旗，全是所谓的政客和经济精英在表演，至于老百姓的忧乐疾苦，没有人去关心，至于枪击案的顽疾，没有人去扶正祛邪。毒品的泛滥，竟然成了一门生意。这样的治理水平，民众能做到求得放心吗？因此，孙中山先生说修齐治平这样的观念是中国独有的宝贝。西方的现代教育与中国传统的教育精神有着巨大的差距，这是作为老师和家长应该注意的地方。我们应该怎么办？这是社会各阶层、各个家长、各个有志少年都应该思考的时代课题。

"行而世为天下法，言而世为天下则"是《中庸》所要求的人物，唐宋八大家之首的韩愈就是这样一位人物。宋朝的苏轼在《潮州韩文公庙碑》赞誉韩愈："匹夫而为百世师，一言而为天下法。"接着赞誉韩愈：文起八代之衰，而道济天下之溺；忠犯人主之怒，而勇夺三军之帅，此岂非参天地，关盛衰，浩然而独存者乎？这表扬了韩愈被贬到潮州之后以文化育、教化一方、造福一方为己任，绵延和践行了圣人孔子的文教理想。这不正是"君子学道则爱人，小人学道则易使"的历史写照吗？

启示与思考

传统社会，把两种人称为先生。一种是老师，一种是医生。一个救心，一个救命。范仲淹当年的理想：进则救世，退则救民；不为良相，便为良医。你是如何理解的？

五

中庸"隐恶而扬善"的教化意义

《中庸》第六章：孔子说："舜可以说是具有大智慧的人吧！他喜欢向人请教问题，又善于从人们通俗易懂的话语里分析其含义，不宣扬别人的恶言恶行，只表彰别人的嘉言善行。根据过与不及两端的情况，采纳中庸之道来治理百姓，这就是舜之所以成为舜的原因吧！"（原文：子曰："舜其大知也与！舜好问而好察迩言，隐恶而扬善，执其两端，用其中于民，其斯以为舜乎！"）

尧、舜、禹是中国远古时期的圣人，践行大公无私的品德，历史记载舜处理事务不自以为是，而且善于向周围的群众学习，粗浅的话他也听取意见，听到不好的话也不去计较。听到好的言论和善良的行为就到处表扬和传播，群众的疾苦能得到解决，这样光明正大的行为自然会感动周围的人。面对问题能够冷静分析，能做到不偏不倚、恰到好处。对于好的予以褒扬，对于恶的予以掩盖。实际上舜是用自己的行动来感动周围的人，真正做到了"一诚天下动"。

舜是历史上的圣人，以孝道闻名天下。《二十四孝》的第一个故事讲述了舜孝敬父母的故事。司马迁在《五帝本纪第一》记载了舜的事迹。舜的父亲叫瞽叟，是一个盲人，舜的母亲去世后，他的父亲又娶了一个老婆，她刁钻刻薄，后又生了一个儿子叫象，舜的父亲特别宠爱象。象为人傲慢无礼，嚣张且放肆。他的父亲及继母、弟弟都是自私自利之人，多次想害死舜。他们在舜上房去修补谷仓仓顶时，从谷仓下面放火想烧死舜，舜手持两个斗笠跳下逃脱；舜对他们的行为一般都委屈地忍耐着，但是舜还是顺从地侍候着父亲和继母以及象，以德报怨，每天都谦恭谨慎。面对父亲不讲道义、继母刻恩寡薄、弟弟傲慢无礼，舜都包容了他们。

帝尧听说舜非常孝顺，有处理政事的才干，把两个女儿娥皇和女英嫁给他；经过多年观察和考验，选定舜做他的继承人。他走到哪里，人们都愿意追随舜，因而"一年而所居成聚（聚即村落），二年成邑，三年成都"。由此可见，舜的治理能力和团结群众的水平高到了什么地步，才能做到一年成村、二年成邑、三年成都的地步。尧得知这些情况很高兴，赐予舜上等布衣和琴，赐予牛羊，还为他修筑了仓房。

他们让舜去掘井时，瞽叟与象却趁机向井中埋土，舜知道他们想害死他，在凿井时早就挖了地道，从地道逃脱。瞽叟与象特别高兴，以为舜已被埋死在井中，象得意忘形地说："这个主意是我想出来的。"丧心病狂的象要与父母瓜分舜的财产。象疯狂地对父母说："舜的两个妻子和那把琴归我，牛羊和粮仓归你俩。"象大摇大摆地住进了舜的房子，坐在里面弹琴取乐。没想到这个时候舜安全地回来了，象既惊讶又尴尬，厚颜无耻地说："我正在想你想得很伤心呢。"

事后舜毫不记恨，仍然对父亲恭顺孝顺，对弟弟慈爱。他的孝行感动了周围的人，也感动了尧帝，于是尧帝试着让舜制定五典、教化民众、治理百官，舜做得都很好。赢得了群众的拥护和爱戴。

毛泽东在《七律二首·送瘟神》就写到了尧舜以孝治天下的典故。诗中写道："牛郎欲问瘟神事，一样悲欢逐逝波。春风杨柳万千条，六亿神州尽舜尧。"

孔子曰："《春秋》之义，立法贵严，而责人贵宽。因其褒贬之义，以制赏罚，亦忠厚之至也。"其绵延与弘扬了"隐恶而扬善"的历史惯例。

启示与思考

"为天下除害，谓之仁。"天下受苦受难的人少，就是一个社会文明的表现。你是如何理解"仁"这个字的深刻含义的？

六

中庸为什么说"君子中庸，小人反中庸"

《中庸》第二章：君子能做到中庸，小人却违背中庸。君子之所以能中庸，是因为君子随时能做到合适适中；小人之所以违背中庸，是因为小人无所顾忌，肆意妄为。（原文　仲尼曰："君子中庸，小人反中庸。君子之中庸也，君子而时中；小人之中庸也，小人而无忌惮也。"）

该章论述了我们在工作和生活中要践行中庸的原则和方法。君子能做到中庸，在生活和工作中既能掌握原则性，又能掌握灵活性，也就是本章所要求的"时中"这个概念。小人因为缺乏中庸的原则，所以处理事情就会无所顾忌，心里也没有敬畏之心，肆意妄为。用我们现在的话说就是不知敬畏、肆意妄为。如果一个人缺乏敬畏之心、肆意妄为，任由自己情绪的发泄、私欲膨胀发展，那么他的人生和前程就不会有好的预期。

本章对我们当代人生有什么价值和指导意义呢？一个人如果具备了中庸要求君子能做到时中的观念，群众基础一定很好。如果无所顾忌，肆意妄为，那么，处处都会遇到障碍和困难，没有良好的群众基础，就会处处碰壁，以至于穷途末路。

中庸是正心的一种方法。儒家八条目强调格物、致知、诚意、正心。只有正心之后，才能实现修身、齐家、治国、平天下的一番大理想。正心如此重要，就需要用中庸的方法来涵养正心。不偏不倚谓之中。如果说身心健康与一个人的思维、观念、意念、意识、思虑有关系，你相信吗？

《论语·为政第二》已载：子曰："《诗》三百，一言以蔽之，曰'思无邪'。"意思是《诗经》三百首，用一句话概括，就是思想纯正，思想纯正就是正心正念的一种表现。孔子对《诗经》的评价告诉我们做人要心怀坦荡，光明磊落。由此可见，思无邪是一种正能量，也是一种能力。圣人所说的"思无邪"与中医认为"医者，意也"的说法是高度一致的。由此可

见意识、意念、思虑、正心、正念与一个人的身心健康有着极大的关系。这就是正心的重要性。如果心术不正，谈何修身、齐家、治国、平天下？邪不压正、扶正祛邪是历史的发展趋势，也是文化的发展趋势。

邪和正，有一个标准，这个标准就是"仁"。冯友兰先生在《中国哲学史新编》说这个标准是"非礼勿视，非礼勿听，非礼勿言，非礼勿动"，绵延和传承了圣人孔子的观点，加上了一个"非礼勿思"。这里的非礼勿思，就是思无邪的意思。要求我们在思考人生的时候要多一些正能量，多一些正确的观念。如果"抱怨、怨恨、忌妒、狭隘"这些负能量不停地在脑子里面运转。这个人就没有正气、没有正心，也就没有精气神。

中庸之道是儒家的方法论，强调了调和折中、不偏不倚、居中则吉、中规中矩、斟酌至善的重要性。这种方法如果运用于指导自己的工作、学习、人生，大到济世安民、经邦济世都会大有益处；小到涵养心态、调和心理健康都会有所帮助。众所周知，要干成一件事业，必须具备天时、地利、人和的环境和条件。天时不如地利，地利不如人和。天时、地利我们不好把握，人和我们可以做到。用人和将天时和地利调和起来，成就事业，这就是中庸的微妙之处。

科技的快速发展，让我们突然进入一个人人都有麦克风的时代。到处都是资讯和信息的海洋，打开手机，满屏都是资讯和推销商品的。资讯良莠不齐，让人感到不胜其烦。在人人都有麦克风的时代，各自都有自己的主张，至于真与假、善与恶、是与非、好与坏，答案似乎是模棱两可，这就让我们陷入观念纠缠之中。打开手机，老年人、成年人、青少年、儿童的各种需求，一句话：只有你想不到的，没有App软件做不到的。所谓无利不起早，这些软件的目的是流量和赚钱。如果从需求角度讲，这些App软件，局限于物质和经济层面的多，真正能涵养我们心灵、能让我们

做到"学问之道无他，求得放心而已矣"的就太少了。也就是说毒鸡汤多，正能量少。

《〈大学〉（青少年版）》中有一篇文章《影响文化和教育的八个要素》中谈到了影响文化和教育的八个要素：经济、政治、科技、宗教、道德、文学、艺术、智慧。实际上一个人、一个团队、一个集体、一个民族、一个国家都是沿着这八要素在进步。有一个词叫德成智出，意思是道德涵养到了一定境界，智慧就会涌现，强调了道德的重要性。从这篇文章中可以看到：物质和经济重要，但不是人生的全部。说到底，物质和财富只是满足了人们的基本需求，并不是人生的终极需求，终极需求应该是精神的愉悦和内心的充实。这就需要道德和文化、文艺和智慧的涵养。

圣人告诫我们：饱食终日，无所用心，难矣哉！（这是一件难办的事情！）如何用心，这是问题的关键，用什么心，这也是问题的关键。关键是如何能做到让人放心，如何能做到安心和心安。一个人如果放心不下就会忐忑不安，忐忑不安就会惶惶不可终日。如何能做到求得放心是中华文化的一个价值追求和教育的理想。

中西文化在许多观念上存在认知的差异，举一个例子来说明这个差异。例如，美国文化认为：一个不求上进的人在道德上是有缺陷的，上帝就会降下灾难，使他受苦。人怎能对这些上帝所不喜欢的人予以援助呢？中国文化认为：仁者爱人，一视同仁。凡有血气者，莫不尊亲。济弱扶倾是一种良好的道德。《大学》中记载：德者，本也。财者，末也。德本财末的意思是指德为根本，财物固然必不可少，但道德最为重要。同时告诫我们：生产财物的人要多，消费财物的人要少，要让生产财物的人勤奋，消费财物的人节俭，这样国家财富便会充足富裕。中国传统文化对经济的概念是经邦济世、经世济民，我们可以从此看出中美文化对待金钱和道德的观念差异。

以孝治国是我国的一个历史传统，也是我国优良的文化传承。《孝经》记载了圣人孔子向学生曾参讲述孝道的言论。唐玄宗两次为《孝经》注释，用书法写《孝经》，刻在石头上，立于太学之中，这一巨大石刻，至今屹立在西安的碑林。历史上皇帝解读《孝经》的很多。《孝经·孝治》中记载：治国者，不敢侮于鳏寡（老而无妻曰鳏；老而无夫曰寡）而况于士民（百姓的意思）乎？在美国，法律规定孩子可以不用孝顺自己的父母。我国法律规定，成年子女必须赡养父母。由此可见，以孝治国是我国传统社会的一个价值观念。这就是孝道、孝顺、百善孝为先这些观点形成的历史和文化原因。

被称为"俄罗斯良心"的诺贝尔奖获得者索尔仁尼琴论述西方文化时说：西方人持有盲目的优越感，西方的生活方式不可能成为领导这个世界的典型。人类生活并不能拿高级的物质享受为终极目标，社会在机械化的法律制度下，也非善策。近代西方所谓的民主、自由的生活之日趋显得轻率及肤浅。由此可见，美国文明以金钱和物质享受、及时行乐、娱乐至死为人生目标，精神层面以皈依基督教为信仰。而博大精深的中华文化追求：学问之道无他，求其放心而已矣。如何求得放心？求得精神层面的愉悦？内心的安宁与祥和？这就是孔子强调"君子中庸，小人反中庸"方法论在当代的价值意义所在。

启示与思考

被称为"俄罗斯良心"的诺贝尔文学奖获得者索尔仁尼琴说，西方人持有盲目的优越感，西方的生活方式不可能成为领导这个世界的典型。人类生活并不能拿高级的物质享受为终极目标，社会在机械化的法律制度下，也非善策。近代西方所谓的民主、自由的生活之日趋显得轻率及肤浅。你如何理解索尔仁尼琴说的话？

七

中庸强调"择善而固执"有什么深刻含义

《中庸》第二十章：真诚的人，就是选择好善的目标执着追求的人。广泛学习，详细询问，周密思考，明确辨别，切实实行。（原文：诚之者，择善而固执之者也。博学之、审问之、慎思之、明辨之、笃行之。）

京剧《锁麟囊》讲述了千金小姐薛湘灵出手相助萍水相逢的贫困女子赵守贞。六年后，因为水灾，薛湘灵流离失所，却机缘巧合地到赵守贞家中当保姆。赵守贞知道薛湘灵是当年萍水相逢却赠送给自己锁麟囊（锁麟囊中有金银财宝）的恩人后，以礼相待，结为姊妹，帮助薛湘灵一家人团圆，皆大欢喜。女主人公薛湘灵教育丫鬟有一句著名的台词："怜贫济困是人道，哪有个袖手旁观在壁上瞧。"由此可见，怜贫济困、择善而固执是中华民族优秀的传统观念。

《中庸》里"择善而固执"这一价值观念和《论语·述而》："三人行必有我师焉，择其善者而从之，其不善者而改之。"是一以贯之的。由此可见，择善而固执是我们中华民族一种传统的价值观念和行为方式，这与"人之初、性本善"的观念是一致的。择善而固执这一传统的理念，历史上有许多皇帝也在践行，成就了仁政和善政的美谈。

据《史记·孝文本纪第十》记载：有一年，汉文帝下诏说："法律是治理国家的准则，用它来禁止残暴的行为，从而引导人们向善。但现在犯法的本人被惩处后，还要让他无罪的父亲、妻子、儿女与兄弟姊妹受连累治罪，以及被收为奴隶，我不赞成这样的做法，请大家讨论一下。"负责的官员都说："平民百姓不能治理自己，所以制定法律来约束他们，实施牵连治罪和被收为奴隶，目的是让人们在心理上产生恐惧之心，不敢轻易犯法。"汉文帝说："我听说法律公正则百姓忠厚，惩罚得当则百姓服从。况且管理百姓引导他们从善，这是官吏的责任，官吏既不能教导百姓，又采用不公正的法律惩罚他们，这岂不是故意害人、对人施行残暴吗？那法律还怎么能起到禁止残暴的作用呢？我看不出这种法律有什么好的地方，你们再仔细考虑一下。"于是负责的官吏经过研讨后向汉文帝汇报说："皇上对百姓施加恩惠，功德浩荡，不是我们这些人所能赶得上的。我们谨奉诏书，废除一人有罪全家牵连受惩治的法律。"

据《资治通鉴》记载：唐太宗李世民践行仁政和善政的执政理念，爱民如子，深得民心。少数民族的可汗把李世民称为"天可汗"，意思是可汗的可汗。唐太宗文韬武略，开创了贞观之治，成为历史的美谈。从一件小事我们可以领略唐太宗的美德和善治，李世民在学习《明堂针灸书》以后，知道人的五脏六腑的经络和穴位都在人的后背上，于是下令：今后犯人犯罪，司法机关不允许打犯人的后背。李世民的这种旨意，被后世传承下来。到了明朝时期，明朝的朱元璋虽然运用廷杖惩罚犯错误的官员，但也只是打犯人屁股，不允许打犯人的后背。

《资治通鉴》记载，李世民在位期间，京城周围发生了蝗灾，蝗灾如果泛滥，粮食的安全就会受到威胁，李世民进入禁苑中，看见蝗虫，抓了几只，祝祷说："人民以谷粮维持生命，你却吃了谷物，不如吃我的肠肺。"举手要把这些蝗虫吃下去，左右官员吓得面如土色，对李世民说："吃了蝗虫或许会生疾病。"李世民说："朕要替人民受灾，还怕什么疾病？"于是，把这些蝗虫吞了下去。这一年，蝗虫没有泛滥成灾，李世民这种视民如伤（将老百姓的伤痛视作自己的伤痛）的情怀得到了人民的尊重。

由此可见，天子也好，百姓也罢，都在践行"择善而固执"这个价值观念，这就是中华传统文化的伟大之处，也是我们做人的基本原则。

启示与思考

在生活与工作中，我们应如何践行"择善而固执"这个价值观念？

八

中庸为什么强调"凡事预则立，不预则废"

《中庸》第二十章：故事情要先做好准备工作，成功的机会就大一些。如果不做好准备工作，失败的机会就会大一些。如果讲话之前先有准备，讲话时就不会语言不通畅；做事之前有准备，就不会出现困窘的状态；行动前先有准备，就不会后悔；道理预先选定，就不会导致自己走投无路。（原文：凡事豫则立，不豫则废。言前定则不跲（jiá），事前定则不困，行前定则不疚，道前定则不穷。此处的豫和预是通假字。预，事先有准备或有计划。）

这一段经典的论述强调了一个重要的道理：凡事如果能够提前谋划，做好预案，成功的机会就会大一些。众所周知，《孙子兵法》可谓是前无古人，后无来者。直到今天，世界各国的军事研究者无不对《孙子兵法》的智慧报以敬意。美国的西点军校以及世界上许多军校都在学习和研究《孙子兵法》的智慧。《孙子兵法·计篇》中强调：双方还未交战时，"庙算"阶段便预测某方取胜，是基于它取胜的条件较多；还未交战，"庙算"阶段便预测某方不胜，是基于它取胜的条件少。战略筹划周密就有可能取胜，战略筹划不周密就不可能取胜，更何况根本不作筹划呢？我们依据这些观察，谁胜谁负就会一清二楚。（原文：夫未战而庙算胜者，得算多也；未战而庙算不胜者，得算少也。多算胜，少算不胜，而况于无算乎！吾以此观之，胜负见矣。）

《孙子兵法·谋攻篇》强调：所以说，如果既了解敌人情况，又了解自己的情况，那么每次作战都不会有危险；如果不了解敌人，只了解自己，那么胜负不定，有可能打胜仗，也有可能打败仗；如果不了解敌人，也不了解自己，那么每次作战必定失败。（原文：知彼知己者，百战不殆；不知彼而知己，一胜一负；不知彼不知己，每战必败。）《孙子兵法》为什

么要强调知彼知己呢？知彼是一件不容易的事情，知己也是一件不容易的事情。知彼知己实际上也是强调了中庸方法论的重要性。历史和现实中，骄傲自满者有之，盲目瞎干者有之，自以为是者有之，不可一世者有之，情绪冲动者有之，这些都是不知彼、不知己所导致的，也是缺乏极高明而谓之中庸这种方法导致的。

伟大领袖毛泽东在《论持久战》中说，凡事预则立，不预则废，没有事先的计划和准备，就不能获得战争的胜利。从抗日战争到解放战争，从解放战争到抗美援朝，他都运用了凡事预则立不预则废的中庸理念。

现代社会由于信息的泛滥，很多人安静不下来。这便是缺乏中华优秀传统文化智慧的涵养，缺乏对人生预期的规划，缺乏"凡事预则立，不预则废"的心理准备。

现在是信息社会，资讯、信息的无处不在让我们应接不暇，有时候不知道如何甄别信息的真假。所以说，练就好甄别信息的本领是我们现代人应该具备的一种能力。信息如海洋一样向你精准推送，人如果全听从手机、自媒体、资讯的指挥，让我们冷静思考一下：我们是不是在听从机器的指挥，时间久了就会变得冷漠和麻木，社会就会缺乏人文关怀。郑州大暴雨期间，手机和通信全部中断，地铁里拯救小孩和老人的性命还是靠人。这就提醒我们，在社会治理方面，应该有周全的预案。比如在提高社

会治理能力方面，我们应该有两套治理程序：一套是人工服务；一套是机器服务。人工服务和机器服务应该有序配合，既能提高效率，又能体现人文关怀。

《道德经》告诉我们，五色令人目盲，五音令人耳聋。老子早就告诫我们不要一心只向外寻求刺激，而今天的社会环境，就有这样的倾向，这就是我们的环境和条件。商业制造消费环境，即所谓的成功学贩卖不成功的焦虑情绪，教育培训不停地推送一些培训项目，人们交完钱后发现学的都是没有用的知识。银行为了助推消费，鼓励可以刷卡消费、借贷消费、超前消费。这一切的社会现象无非都是让你局限于物质消费、物质享受这个基本需求的层面。而我们精神层面的充实、心灵方面的愉悦，物质层面满足不了我们。

充实的人生才是我们心里向往的人生。"充实之谓美，充实而有光辉之谓大。"可见，充实的人生才是美好的人生。太阳、月亮、星星这些都很美，它们不仅美丽，还有光辉。中国文化强调道法自然，人如果心中有太阳、心中有月亮、心中有星星、心中有奋斗目标，这样的人生就会充实。这个太阳、这个月亮、这个星星、这个奋斗目标，就是我们人生的初心和使命，有了初心和使命，久久为功，十年磨一剑地去践行，这样的人生难道不充实吗？这样的人生，难道不美丽吗？这样的人生，难道不愉悦吗？

古人云：静生慧。人只有安静下来才可能产生智慧。中华传统文化告诫我们：急躁之人，不能有功。一个急躁的人，心中是浮躁的。浮躁的人，心中是不能安定的。急躁之人，脾气就大，脾气越大，越容易犯错误。脾气大的人，控制不了自己的情绪，任由情绪发泄，也就是所谓的任性。任性是缺乏文化涵养、控制不了自己情绪的一种表现。脾气越大，智慧越差。

中国共产党第七届中央委员会第二次全体会议于1949年3月5~13日在河北省平山县西柏坡举行。毛主席提出"两个务必"，要求全党在胜利面前要保持清醒头脑，在夺取全国政权后要经受住执政的考验，务必使同志们继续地保持谦虚、谨慎、不骄、不躁的作风，务必使同志们继续地保持艰苦奋斗的作风。毛主席践行中庸所强调的"凡事预则立，不预则废"这一方法论，为共和国的发展奠定了坚实的理论基础。

启示与思考

中华传统文化告诫我们：急躁之人，不能有功。谈谈你对这句话的理解。

九

极高明而道中庸

《中庸》第十章：子路问圣人孔子什么是强？孔子说："你问的是南方的强还是北方的强？或者是你认为的强？用宽厚柔和的精神去教育人，人家对我蛮横无理也不报复，这是南方的强，品德高尚的人具有这种强。枕着兵器铠甲睡觉，即使死也在所不惜，这是北方的强，武勇好斗的人就具有这种强。所以说，品德高尚的人和顺而不随波逐流，这才是真正的强大。保持中立而不偏不倚，这才是真正的强大。国家政治清明，不改变志向，这才是真强。国家政治黑暗，能坚持操守至死不变，这才是真正的强大。"（原文：子路问强。子曰："南方之强与，北方之强与？抑而强与？宽柔以教，不报无道，南方之强也。君子居之。衽金革，死而不厌，北方之强也。而强者居之。故君子和而不流，强哉矫！中立而不倚，强哉矫！国有道，不变塞焉，强哉矫。国无道，至死不变，强哉矫。"）

本章论述了南方之强和北方之强。孔子强调要践行中道，只有践行中道才能做到真正的强大。不同流合污，不人云亦云，能做到中立而不偏倚，秉持中道的方法，这才是真正的强大。

《中庸》第十二章：君子坚守的道，用途广大而又体态精微。一般来说，愚夫愚妇也是可以知道的；但到了最精微的境界，即使是圣人也有弄不清的地方。普通男女虽然不贤明，也是可以实行君子之道的；但若是最精妙的境界，即使是圣人也有做不到的地方。天地如此之大，但人们对天地仍有不满足的地方。所以，君子说到大，就大得连整个天下载不下；君子说到小，就小得连一点儿也分不开。《诗经·大雅·旱麓》说："老鹰飞向天空，鱼儿跃入深渊。"这是说君子之道，和鹰飞鱼跃一样，由上到下，显明昭著。君子之道，是从普通的男女所能懂能行的地方开始；但到了最高深精妙的境界，却能够明察天地间的一切事物。（原文：君子之道费而

隐。夫妇之愚，可以与知焉。及其至也，虽圣人亦有所不知焉。夫妇之不肖，可以能行焉，及其至也，虽圣人亦有所不能焉。天地之大也，人犹有所憾。故君子语大，天下莫能载焉；语小，天下莫能破焉。诗云："鸢飞戾天；鱼跃于渊。"言其上下察也。君子之道，造端乎夫妇，及其至也，察乎天地。）

本章论述了道的普遍性。提出了"费"和"隐"两个概念。费，指的是道的普遍性和用途的广泛性。隐，指道的精微性与隐秘性。由此可见，道是多么博大精深。要想真正理解和领悟道的博大精深，我们需要从最基本的人伦开始去践行、领悟。

《中庸》第十三章：孔子说："道是不能离开人的。如果有人实行道却离开人，那就不可能实行道了。"《诗经·豳风·伐柯》说："砍削斧柄，斧柄的样式就在眼前。"握着斧柄砍削树木来做斧柄，应该说不会有什么差异，但如果你斜眼去看，便会以为差异很大，所以君子根据做人的道理来治理人，只要他能改正错误行道就很好了。一个人做人能做到忠恕，离道就不远了。什么叫忠恕呢？自己不愿意的事，也不要施加给别人。君子之道有四项，我孔子连其中的一项也没有能够做到，用我所要求儿子侍奉父亲的标准来孝顺父亲，我没有能够做到；用我所要求臣下对待君王的标准来竭尽忠诚，我没有能够做到；用我所要求的弟弟对哥哥做到的敬重恭顺，我没有能够做到；用我所要求朋友应该先做到的，我没有能够做到。实践平常的道德，谨慎平常的言论，还有不足的地方，不敢不再努力；言谈要留有余地，不说过头话，言论要符合自己的行为，行为要符合自己的言论，这样的君子怎么会不忠厚诚实呢？（原文：子曰："道不远人。人之为道而远人，不可以为道。诗云：'伐柯伐柯，其则不远。'执柯以伐柯，睨而视之，犹以为远。故君子以人治人，改而止。忠恕违道不远。施诸己而不愿，亦勿施于人。君子之道四，丘未能一焉：所求乎子以事父，未能也；所求乎臣以事君，未能也；所求乎弟以事兄，未能也；所求乎朋友先施之，未能也。庸德之行，庸言之谨；有所不足，不敢不勉，有余不敢尽。言顾行，行顾言。君子胡不慥慥尔。"）

本章论述了"道不远人"这个道理的普遍性。"率性之谓道"的意思是说每一个人如果都能把自己的天性发展到圆满无缺的地步，自己的这种天性有益于社会大群，这就能做到"尽性"。尽己之性可以尽人之性，尽人之性可以尽物之性。这就是大道之行，大道是什么？大家都能走，而又能处处都是通达的。由此可见，圣人的胸怀是多么宽广。那么，到底什么是人道呢？如果能做到设身处地、将心比心地为他人着想，就是忠恕。比如我们自己被冤枉，知道被冤枉的时候自己非常委屈。那么我们就不要去冤枉别人，这就是将心比心的道理。为人处世，在君臣、父子、兄弟、朋友四大人伦中反省自己，处理事务能坚守言行一致、不走极端、从容中道，拥有良好的干群关系，这些都有利于事业的发展。

《中庸》第十四章：君子安于现在所处的地位做应做的事，不羡慕这以外的事情。处于富贵的地位，就做富贵人应做的事；处于贫贱的状况，就做贫贱人应该做的事；处于夷狄的地位，就做夷狄应做的事；处于患难之中，就做患难之中应做的事。君子无论处于什么情况下都能安然自得。处于上位，不欺侮在下位的人；处于下位，不攀缘在上位的人，端正自己而不苛求别人，这样就不会有什么抱怨了。上不抱怨天，下不抱怨人。所以，君子安居现状来等待天命，小人却铤而走险妄图获得非分的东西，孔子说："君子立身处世就像射箭一样，射不中靶子，要回过头来寻找自身技艺的问题。"（原文：君子素其位而行，不愿乎其外。素富贵，行乎富贵；素贫贱，行乎贫贱；素夷狄，行乎夷狄；素患难，行乎患难。君子无入而不自得焉。在上位，不陵下；在下位，不援上；正己而不求于人，则无怨。上不怨天，下不尤人。故君子居易以俟命，小人行险以徼幸。子曰："射有似乎君子。失诸正鹄，反求诸其身。"）

本章论述了为己之学、随遇而安的重要性。同时，强调君子要做到自己处于富贵的地位，不要去欺负弱势群体。自己处于贫贱地位，不能攀附于他人，这样就不会遭到忌妒和怨恨。不怨天，不尤人。同时强调了"行有不得，反求诸己"的重要性。

《中庸》第十五章：君子实行中庸之道，就像走远路一样，必定要从近处开始；就像登高山一样，必定从低处开始起步。《诗经·小雅·常棣》说："与妻子和和睦睦，就像弹琴鼓瑟一样。兄弟关系融洽，和顺又快乐，使你的家庭美满，使你的妻儿幸福。"孔子赞叹说："这样，父母也就称心如意了。"（原文：君子之道，辟如行远必自迩，辟如登高必自卑。

《诗》曰:"妻子好合,如鼓瑟琴。兄弟既翕,和乐且耽。宜尔室家,乐尔妻帑。"子曰:"父母其顺矣乎!")

本章论述了"千里之行,始于足下"这个道理。与儒家所倡导的"格物、致知、诚意、正心、修身、齐家、治国、平天下"是一以贯之的。

《中庸》第十六章:孔子说:"鬼神所做的功德那可真是大得很啊!虽然看它也看不见,听它也听不到,但它的功德却体现在万物上无所遗漏。使天下的人都斋戒净心,穿着庄重整齐的服饰来祭祀它,这时鬼神的形象流动充满其间,好像就在你的头上,好像就在你的左右。"《诗经·大雅·抑》说:"神的降临,不可测度,怎么能够怠慢不敬呢?鬼神从隐微到功德显著,是这样的真实无妄而不可掩盖呀!"(原文:子曰:"鬼神之为德,其盛矣乎!视之而弗见,听之而弗闻,体物而不可遗。使天下之人,齐明盛服,以承祭祀。洋洋乎!如在其上,如在其左右。"《诗》曰:"神之格思,不可度思,矧可射思?夫微之显。诚之不可掩,如此夫。")

本章论述了中庸之道"不可须臾离",要求我们必须要有诚心诚意的态度去对待它,方能领悟其中的奥妙之处,才能做到"至广大而尽精微"。

《中庸》第十八章:孔子说:"没有忧愁的人,大概只有周文王了吧!他有王季这样的父亲,有武王这样的儿子;父亲开创了帝王的基业,儿子继承了他的事业。武王继承了太王古公亶父、王季、周文王的功业,身着战袍讨伐商纣王,一举夺取了天下。他本身没有失掉显扬天下的美名,成为尊贵的天子,拥有四海之内的疆土,社稷宗庙祭祀他,子子孙孙永保周朝王业。武王晚年才承受天命,及至周公才成就了文王、武王的德业,追尊太王、王季为王,又用天子之礼祭祀历代祖先。而且将这种礼制,推行到诸侯、大夫、士和庶人。按照这种礼制,如果父亲身为大夫,儿子身为士、父亲死后,用大夫礼安葬,用士礼祭祀。如果父亲身为士,儿子身为大夫,父亲死后,就用士礼安葬,用大夫礼祭祀。服丧一周年的丧制,从平民通行到大夫为止。服丧三年的丧制,从庶民一直通行到天子。为父母服丧,不论身份贵贱,服期都是一样的。"(原文:子曰:"无忧者其惟文王乎。以王季为父,以武王为子。父作之,子述之。武王缵大王、王季、文王之绪。壹戎衣而有天下。身不失天下之显名,尊为天子,富有四海之内。宗庙飨之,子孙保之。武王末受命,周公成文武之德。追王大王、王季,上祀先公以天子之礼。斯礼也，达乎诸侯大夫，及士庶人。父为大夫，子为士；葬以大夫，祭以士。父为士，子为大夫；葬以士，祭以大夫。期之丧，达乎大夫；三年之丧，达乎天子；父母之丧，无贵贱一也。"）

本章论述了周文王、周武王、周公积德累功、积德累仁的历史。强调了孝的重要性，同时强调孝与德的关系，这是治国理政者必须要思考的大课题。

《中庸》第十九章：孔子说："周文王和周公，天下人都认为他们是最孝顺的人了吧！这样的孝，指的是善于继承先人的遗志，善于继承先人未竟的事业。每逢春秋举行祭祀之时，修整祖庙，陈列祖先遗留的重器，摆设先人的衣裳，供奉时令食品。宗庙中的祭祀，是用以序列左昭右穆各个辈分的；序列爵位，是用以辨别身份贵贱的；安排祭祀中各种职事，是用以判断子孙才能的；祭后众人轮流举杯劝酒时，晚辈向长辈敬酒，是用以显示先祖的恩惠下达到地位低贱者的身上的；祭祀宴饮时，依照头发的黑白来排列座次，是用以区分长幼次序的。供奉好先王的牌位，举行先王留下的祭礼，演奏先王时代的音乐，敬重先王所尊敬的人，爱护先王所爱的子孙臣民。对待死者如同他在世时一样，侍奉亡故的如同他活着时一样，这就是孝道的极致了。祭祀天地的礼节，是用来侍奉先帝的。祭祀宗庙的礼节，是用来祭祀自己祖先的。明白了祭天祭地的礼节和四时举行禘尝诸祭的意义，那么治理国家就如同观看手掌上的东西一样清楚简易了。"（原文：子曰："武王、周公，其达孝矣乎！夫孝者，善继人之志，善述人之事者也。春秋修其祖庙，陈其宗器，设其裳衣，荐其时食。宗庙之礼，所以序昭穆也。序爵，所以辨贵贱也。序事，所以辨贤也。旅酬下为上，所以逮贱也。燕毛，所以序齿也。践其位，行其礼，奏其乐，敬其所尊，爱其所亲，事死如事生，事亡如事存，孝之至也。郊社之礼，所以事上帝也。宗庙之礼，所以祀乎其先也。明乎郊社之礼，禘尝之义，治国其如示诸掌乎！"）

本章论述了孝的最重要特点是能继承先人遗志，并把先人事业发展下去的观点。并且强调祭祀礼节的重要性。如果能做到以孝治天下，那么治国就不是一件难的事情。

以上八章论述了极高明而道中庸这一方法论在孝道与德行、社会交往、

家国治理中的运用，从多角度强调了中庸的重要性和普遍性。中庸是一种特别高明的方法论。它不偏不倚，不左不右，不走极端，不执拗，不钻牛角尖，调和折中，斟酌至善、通经致用之学问。同时，遇到问题时能用合理与兼顾的方法去处理。但是，要具备这种方法论不是一件简单的事情，这需要具备大公无私的出发点，更需要仁政、善政、天理良心、以人民为中心等观念的引导。不做墙头草，更不是和稀泥的不负责任。这就是极高明而道中庸的深刻含义。既有原则性，又有灵活性，它需要久久为功，久久为善的践行。践行的出发点无非就是"王者之道不外乎人文关怀"。

中庸是一个方法论。那么，我们在生活和工作遇到问题和矛盾如何运用中庸这个方法去化解问题呢？中华文化强调以文化天下。化主要体现在什么地方？化干戈为玉帛，化腐朽为神奇，化敌为友，化解矛盾，化解生活中的烦恼和矛盾，就是中庸智慧的一种表现。化是中华文化中一个重要的观念，如春风化育，春风化雨。化有教化、同化、化育的功能。这种教化、同化、化育的方法就是中庸的方法。

启示与思考

你在工作、社会交往中是如何运用"极高明而道中庸"这个方法论的？

十

千万不能背离圣人孔子关于教育的常识

2023年，是圣人孔子2574年诞辰。这是有历史文献记载的。中国的历史是世界上记录最完整的历史。中国历史和西方历史有一个区别：我国的历史从有文字记载开始，都记载着历史人物和历史事件；而西方的历史以神话传说为主，神话传说一般信度不高。

万世师表的圣人孔子关于教育有许多经典的观念，这些教育的观点历经两千多年的检验，到今天依然发挥着智慧的光芒，照亮着我们前行的方向。在人生中，遇到困惑、遇到不能理解的人生难题时，圣人早就给出了答案，只不过我们没有用心领悟圣人的良苦用心。这就是学习圣人孔子教育思想的重要性所在。中庸第一章开篇第一句话就告诫我们：天命之谓性，率性之谓道，修道之谓教。意思是说：天赋予人的禀赋叫作性，遵循自己的天性而行叫作道（道，方向），按照道的原则修养叫作教。这一句话指出了天性、遵循天性就是教育的大道和方向，按照道的方向去修养就是教育的重要任务。

我们梳理了一下圣人孔子关于教育的观点，这些观点我们耳熟能详，但需要用心领悟，贵在知行合一。

一要因材施教。针对不同的教育对象的具体情况，我们要采取不同的教育方法，施行不同的教育。人的资质不同，良知良才者有之，资质平平者有之，智力平庸者有之，忠信之人者有之。如何因材施教，这是教育应该思考的重大课题。

二要有教无类。教育应该向所有人普及，不受等级、地域的限制。不以受教育者的贫富、地位、出身、智愚而差别对待。人人需要接受平等的教育。圣人孔子说过：不管是谁，只要带着干肉来拜师，我都会收他做弟子，努力教诲他。孔子的教育方式打破了当时贵族对教育的垄断，实

现了中国最早的教育公平。这是圣人的伟大之处，也是万世师表的情怀和理想。

三要学以致用。我们要把学习的知识要应用到实际中去，或为了实际应用而去学习。《论语》开篇就讲："学而时习之，不亦乐乎？"

四要言传身教。《论语》中讲："其身正，不令而行；其身不正，虽令不从。"圣人孔子教导我们说："他自身立得正，不下达命令事情也能实行；他自身不正，虽然下达命令，百姓也不会听从。"想要教育好孩子，自己要做到以身作则，言传身教，而不是一味进行空洞的说教，家长如果自己成天沉溺于手机游戏、打麻将，却要求孩子学习，就没有起到一个言传身教的作用。

五要学而不厌，诲人不倦。孔子说："默而识之，学而不厌，诲人不倦。"我们要默默地把所闻所见记在心中，努力学习而不厌弃，教导别人不知疲倦。

六要"知之者不如好之者，好之者不如乐之者。"孔子教导我们说：对于学问事业，懂得它的人不如喜好它的人，喜好它的人不如以它为乐的人。

七要志于道，据于德，依于仁，游于艺。孔子说：志向在寻求大道上面，据守在德行的修养上，做事的出发点在于仁者爱人的角度，然后去学习六艺。（艺，指古代教育学生的科目：礼、乐、射、御、书、数这六种技艺。)"人能弘道,非道弘人",坚守正道,只有这样才能把中华优秀传统文化的智慧传承下去。

八要子以四教:文、行、忠、信。孔子在《论语》中论述了以这四项教育学生:文献、德行、忠诚、诚信。

以上这些流传了两千多年的良言,早已经深入人心。对于教育的理念,我们应该多一些敬畏之心,不要为了一些创新而标新立异、违背教书育人的基本常识。应该多一些守正,慎言创新。即使创新,也应该是守正创新。绵延圣人关于教育的方法和理念,任重而道远。

启示与思考

圣人孔子关于教育的成语你知道多少?能理解多少?

十一

善政得民财　善教得民心

世界上最早使用教育这个词的是亚圣孟子。《孟子·尽心上》记载"得天下英才而教育之"。中华民族是世界上最重视教育的民族。面对教育，我们如何能做到绵延与弘扬中华优秀传统文化中关于教育的方法？中庸给我们提供了许多方法论。《孟子·尽心上》有一个著名的观点：善政，民畏之；善教，民爱之。善政得民财，善教得民心。意思是说：良好的政治，百姓畏惧它；良好的教育，百姓热爱它。良好的政治可以汇聚百姓的财富，良好的教化可以得到老百姓的心。

得民心者得天下，这个道理大家都懂。但是，如何通过良好的政治治理和良好的教育来实现同心同德、群策群力、群策群治的大好局面？这是厚植立德树人的具体问题和现实问题。要解决这个问题，就需要深刻理解什么是善政和善教？仁政、善政、善治良法是中国传统政治治国理政的价值观念，汉唐盛世便是采用这个理念。本文重点探讨善教得民心的道理。孟母三迁的典故我们都知道，所以，第一流的教育理念、良好的家庭环境、友善的社会环境对我们的教育都有着巨大的帮助。

国学大师钱穆先生在《中国历史精神》中有一段话："中国这一百多年以来，开始学德、日，后来学英、法、美，后来又学德、意，今天又要学苏俄。西方的，我们都学遍了，但也都碰壁了。要学的学不到，要打倒的，自己五千多年的文化、历史、政治、社会的深厚传统，急切又是打不倒。这是近代最大的苦痛，也是最大的迷惘。今天以后，或许可以迷途知返了。所有学人家的路都走完了，回过头来再认识一下自己吧！"

历史和社会文化进程的复杂性，往往不以人的意志为转移。一场新冠疫情，改变了世界，也给提升国家治理的能力提供了许多思考，包括人类的许多价值观念和认知。作为普通人如何面对灾难？如何在灾难中吸取教训？

鲁哀公曾经请教孔子一个问题："一个国家的存亡祸福，是不是由天命决定的，不是人力所能左右的吗？"（原文：哀公问于孔子曰："夫国家之存亡祸福，信有天命，非唯人也？"）

圣人孔子明确回答：国家的存亡祸福都是由人自己决定的，天灾地祸都不能改变国家的命运。（原文：存亡祸福，皆己而已，天灾地妖，不能加也。）[1]

我国传统历史上就有"据乱世、升平世、太平世"的三世说。但是社会的复杂性、历史进程的一治一乱、一乱一治、治中有乱，由乱到治，这是历史复杂性的一种客观现象。我们对社会和历史、自然和宇宙的认知是有限的，但是我们在战胜自然灾害的过程中，应该秉持仁者爱人、人道主义、守望相助、济弱扶倾这些理念，这样才能克服困难，战胜自然灾害。

中华民族在五千多年的文化进程中，遇到的艰难困苦多了，可是中华民族是一个不怕困难、勇于战胜困难、克服困难的伟大民族。秉持周易"自强不息，厚德载物"精神。在四大文明古国中，只有中华文明没有中断。仅凭这一点，我们就能做到文化自信和历史自信。

善政得民财解决了民生问题，善教得民心解决了教育立德树人的问题。民生问题是大事，"农事不可缓，闲人亦劝耕"。民生问题解决好了，人们就会有更多的心思去做助人为乐、守望相助的公益事业。国富民强的问题解决好了，群众对美好生活的追求就会呈现出朝气蓬勃、积极向上、向善、向正的阳光心态，中华民族的礼乐治国就会得到实现。善教得民心是孟子对教育作出的总结，传承和弘扬了"大学之道，在明明德、在亲民、在止于至善"的教育理念，值得我们用心去领悟和实践。善政得民财、善教得民心这样的理念能流传几千年，就有几千年的生命力，这些经过"艰难困苦，玉汝于成"得出的历史观点，我们应该敬畏、认识、践行、感悟先贤的智慧。这是学习历史和文化的重要性所在。

启示与思考

如何理解孟子"善教得民心"？你希望的善教是一种什么样的教育？

---

[1] 王国轩，王秀梅（译注）．孔子家语［M］．北京：中华书局，2009．

十二

社会风气与培养人才的关系

张之洞有一个著名的论述：世运之明晦，人才之盛衰，其表在政，其理在学。这里的世运的意思是：指世间盛衰治乱的更迭变化。张之洞是清朝末期的重要人物，他处在一个衰世和乱世，看到科技不如人，中华民族处处挨打受气。于是他思考着中华民族如何才能追赶上世界潮流，不再被动挨打，遭受侮辱。但他对我们的文化抱有自信，便提出"中学为体，西学为用"。这个观点至今还有价值和意义。

中国是世界上历史最丰富且记载最全面的国家。所以，中国文化知道治乱兴衰，循环往复的历史真相。历史是变动的，所以有世运一说。这就是司马迁在《史记》中所说的：夫天运，三十年一小变，百年中变，五百载大变。《史记》里明确记载：一世三十年。钱穆在《中国历史人物》一文中有一个论断：某种时代，我们称之为治世，太平安定，慢慢地变成了盛世。某种时代由盛而衰，由衰而乱，变成衰世与乱世。历史千变万化，不外乎一个治乱盛衰。

治乱盛衰，一治一乱，由乱到治，都是人在主宰。孔子为汉制法，这就是"其表在政，其理在学"的表现。千古一帝秦始皇实现了孔子在《中庸》中的理想："今天下、车同轨、书同文、行同伦。"可是秦始皇重用法家，刻薄寡恩，仁义不施，二世而亡。刘邦吸取了秦朝的教训，采用宽厚仁义的治国之道，汉朝践行和落实了孔子的理想，"今天下、车同轨、书同文、行同伦"成就了一个光辉的时代。这就是学术指导政治的重要性所在。要看学术有没有价值，首先要看学术是否具备明道淑世的特征。用钱穆的话讲就是："圣贤一定要明道，淑世，这个世界在他手里，他就能把这个世界弄好，这叫淑世。要淑世，当然先要明道。使此道名扬于世。圣贤便能明道淑世。"圣贤的道德和志气、气节都具有极高的道德情怀和感召力，践行天下为公的理念，具有极高的号召性和影响力，群贤毕至，带领精英阶层去践行一个由乱至治、由治至盛的理想。这就是圣贤的精神。

教育的目的应该是培养有志气与骨气之人。将顽劣之人教育好，将气量狭窄的人培养成心胸宽阔的人；将心眼小、格局低的人培养成能海纳百川的人；将软弱无力、不能自立的人培养成阳刚之气的人。将薄情寡义、不知道人情礼仪的人培养成知道感恩的人。这应该是做人的基础，也是教育的初心，即塑造完善的人格。

顽劣之人任何时代都有，他们天生不是这样，只是在他们成长的过程中，由于环境和条件不好，自己天生的个性和爱好没有被发现和滋养。于是，天生具有的仁义礼智的品德被不良的现实所湮灭。由于环境和条件不停地摧残和折磨，而变成了顽劣之人、懦夫、薄夫、鄙夫。这是社会问题的本质，作为家长，作为教育工作者，如何让顽劣之人、懦夫、薄夫、鄙夫这些人少一些，这是教育应该关注的大事。而这些大事，课本知识教不了，这是人心、人性的问题，需要用文化和道德来引导和教育。中国传统讲仁政和善政，所以，这些关于人性人心的教育应该从小学就开始教化。这也是"人之初，性本善"的具体践行，也是蒙以养正的良苦用心。

如果一味地进行考试，学生便成了考试机器，不到成人便变得没有阳刚之气，显得暮气沉沉。没有灵气，何来灵感？数理化、英语是技术，社会的发展当然需要科技的进步。但是，人生和社会不只有科技这一项，还有精气神、民族气节、民族志气、民族正气、做人的骨气。而这些性格需要自己的民族文化去培养和涵养。这就是历史和文化教育的重要性所在，这也是以文化天下的深刻含义。

《中庸》讲尽性知天，就是这个意思。要把我们的个性展现出来，这个个性就是"人之初，性本善"之性。应把这"个性本善"百分之百地展示出来。这个性，孔子称之为仁、孟子称之为善、王阳明称之为良知。试问，哪一个小孩在青春期前不是善良的？只是由于孩子成长的环境和条件不好，才迫使部分孩子变得不善良、不友好、不自信、不合作，这是问题的实质。

说到这里，我们就要谈一下教育的社会环境问题。当年孔子在陈、蔡之间绝粮，没有饭吃，大家都饿着肚子。学生子路问："老师您成天讲君子，君子也有穷途末路的时候吗？"孔子说："君子也会穷，也会穷途末路。不过小人在前面没有路时，便会乱跑。君子没有路，还是走君子应该走的路。"这里谈到一个重要问题：君子的气节和志气的问题。意志薄弱的人，在大是大非面前容易变节。人活一口气，这个气，就是志气、气节、骨气，而支撑这个气的就是仁义道德。这就是司马迁所说的：人固有一死，或重于泰山，或轻于鸿毛。

苏武牧羊的气节，持汉节几十年不变，这种志气，就是一种气节。文天祥的《正气歌》中"人生自古谁无死，留取丹心照汗青"也是一种气节。这样的历史人物有太多了。正是这些历史人物，才展现了中华民族的气节和骨气，也是我们教育学生的历史素材。我们应该给青少年树立一个榜样，这样他们才有奋斗的方向和目标。民族气节，历史上只有中华民族讲，英国、美国文化中没有这样的词和观念。我们要复兴文化，就应该从这些历史人物中去学习他们的气节和骨气，这便是历史教育的重要性所在。

钱穆在《中国历史人物》一文中有一个论断：在坏制度下，有好人总好些。在好制度下，有坏人总不好些。中国历史上治世和盛世不少，衰世和乱世也有，但是，立志作为豪杰人物，则可以有成就。秦朝二世而亡，刘邦建立汉朝成就了四百多年的江山。三国乱世，诸葛亮治理蜀国，开诚心，布公道，治理有方，使诸葛亮成为千古一相，至今庙食江南。隋朝末年，天下大乱，李渊和李世民横空出世，建立大唐盛世，万邦来朝。由此可见，只要豪杰在，失败的朝代就可以拨乱反正，这便是历史进步的真相。

"文武之道，未坠于地，在人。贤者识其大者，不贤者识其小者，莫不有文武之道焉。"

党的十九大报告中强调：文化是一个国家、一个民族的灵魂。文化兴国运兴，文化强民族强。没有高度的文化自信，没有文化的繁荣兴盛，就没有中华民族伟大复兴。要坚持中国特色社会主义文化发展道路，激发全民族文化创新创造活力，建设社会主义文化强国。

如何建设社会主义文化强国，从历史和中华优秀传统文化中汲取力量和方法，继往圣、开来学。厚植中国式现代化的文化内涵，是新时代文化和教育工作者面临的时代课题。

启示与思考

国学大师钱穆提醒我们：任何一国之国民，尤其是自称知识在水平线以上之国民。对其本国已往历史，应该略有所知，所谓对其本国已往历史略有所知者，尤其附随一种对本国已往历史之温情与敬意。谈谈你对这段话的理解。

下篇

致中和、万物育：中庸的治国智慧

一

中庸关于家国情怀的经典论述

《中庸》第二十章论述了礼仪规范、文武之道、道德修养、三达德、治理国家九条原则、诚信的重要性、择善而固执等许多重要的方法和观念。观点清晰、逻辑严谨、直指问题本质，只要我们用心学习，就能达到顿悟、觉悟、觉醒的效果。

鲁哀公向孔子询问政治。孔子说："周文王、周武王的政治措施，都记载在典籍上了。这样的贤人在世，这些政事就能实施；他们去世，这些政事也就废弛了。贤人治理国家，政事就能迅速推行，沃土植树，树木就能快速生长。政事就像芦苇生长一样快速容易。所以处理好政事完全取决于用什么人，要得到适用的人在于修养自身，修养自身在于遵循道德，遵循道德要以仁为本。仁，就是人自身具有爱人之心，亲爱亲人就是最大的仁。义，就是事事做得适宜，尊重贤人就是最大的义。亲爱亲人要分亲疏，尊重贤人要有等级，这就产生了礼。所以，君子不可以不修身。要想修身，不能不侍奉父母亲人；要侍奉父母亲人，不能不了解人；想要了解人，不能不知道天理。"（原文：哀公问政。子曰："文武之政，布在方策。其人存，则其政举；其人亡，则其政息。人道敏政，地道敏树。夫政也者，蒲卢也。故为政在人，取人以身，修身以道，修道以仁。仁者，人也，亲亲为大。义者，宜也，尊贤为大。亲亲之杀，尊贤之等，礼所生也。故君子不可以不修身。思修身，不可以不事亲；思事亲，不可以不知人；思知人，不可以不知天。"）

天下共同遵循的人伦大道有五条，用来实行这五条人伦大道的品德有三种。君臣之道、父子之道、夫妇之道、兄弟之道、朋友之道，这五项是天下共同遵循的大道。智、仁、勇三种是天下共同遵循的品德，用来履行这五条人道，这三种品德的实施效果都是一致的。对这些道理，有的人生来就知道，有的人通过学习才知晓，有的人经历了困苦才感悟，但只要他们最终都知道了，也就是一样了。对于这些道理的实行，有的人心安理得地去做，有的人因为名利去做，有的人被迫勉强去做，但只要他们最终都做成了，也就是一样的了。孔子说："爱好学习就接近智了，努力行善就接近仁了，知道羞耻就接近勇了。知道这三点，就知道怎样修养自己；知道怎样修养自己，就知道怎样治理他人；知道怎样治理他人，就知道怎样治理天下和国家了。"（原文：天下之达道五，所以行之者三。曰君臣也，父子也，夫妇也，昆弟也，朋友之交也；五者，天下之达道也。知、仁、勇三者，天下之达德也，所以行之者一也。或生而知之，或学而知之，或困而知之，及其知之一也。或安而行之，或利而行之，或勉强而行之，及其成功一也。子曰："好学近乎知，力行近乎仁，知耻近乎勇。知斯三者，则知所以修身；知所以修身，则知所以治人；知所以治人，则知所以治天下国家矣。"）

凡是治理天下国家都有九条原则，那就是：修养自身，尊重贤人，亲爱亲人，敬重大臣，体恤群臣，爱民如子，招纳工匠，优待远客，安抚诸侯。修养自身，就能确立正道；尊重贤人，就不会思想困惑；亲爱亲族，就不会惹得叔伯兄弟怨恨；敬重大臣，就不会遇事迷惑；体恤群臣，士人们的回报就会更加厚重；爱民如子，老百姓就会努力工作；招纳工匠，财物就会充足；优待远客，四方之人就会归顺；安抚诸侯，天下的人就会敬畏了。（原文：凡为天下国家有九经，曰：修身也，尊贤也，亲亲也，敬大臣也，体群臣也，子庶民也，来百工也，柔远人也，怀诸侯也。修身则道立，尊贤则不惑，亲亲则诸父昆弟不怨，敬大臣则不眩，体群臣则士之报礼重，子庶民则百姓劝，来百工则财用足，柔远人则四方归之，怀诸侯则天下畏之。）

像斋戒那样净心虔诚，穿着庄重整齐的服装，不符合礼仪的事坚决不做，这就是修养自身的原则。驱除小人，疏远女色，看轻财物而重视德行，这就是尊崇贤人的原则。提高亲族的爵位，给他们以丰厚的俸禄，与他们爱憎相一致，这就是亲爱亲族的原则。官员众多足供任使，这就是劝勉大臣的原则。真心诚意地任用他们，并给他们丰厚的俸禄，这就是奖劝士人的原则。使民服役不误农时，少收赋税，这就是劝勉百姓的原则。每天省察，每月考核，付给他们的薪水粮米与他们的业绩相称，这就是奖劝工匠的原则。来时欢迎，去时欢送，嘉奖有善行的人，怜恤能力差的人。这就是优待远客的原则。延续绝嗣的家族，复兴废亡的小国，治理祸乱，扶危济弱，按时接受诸侯朝见聘问，赠送丰厚，纳贡菲薄，这就是安抚诸侯的原则。（原文：齐明盛服，非礼不动，所以修身也。去谗远色，贱货而贵德，所以劝贤也。尊其位，重其禄，同其好恶，所以劝亲亲也。官盛任使，所以劝大臣也。忠信重禄，所以劝士也。时使薄敛，所以劝百姓也。日省月视，既廪称事，所以劝百工也。送往迎来，嘉善而矜不能，所以柔远人也。继绝世，举废国，治乱持危，朝聘以时，厚往而薄来，所以怀诸侯也。）

总而言之，治理天下和国家有九条原则，但实行这些原则的方法却只有一个。任何事情，事先有准备就会成功，没有准备就会失败。说话先有准备，就不会语言不畅；做事先有准备，就不会出现困窘；行动先有准备，就不会后悔；道路预先选定，就不会走投无路。（原文：凡为天下国家有九经，所以行之者一也。凡事豫则立，不豫则废。言前定则不跲，事前定则不困，行前定则不疚，道前定则不穷。）

在下位的人，如果得不到在上位人的信任，就不可能治理好民众。得到在上位人的信任是有规则的：得不到朋友的信任，就得不到在上位人的信任。得到朋友的信任是有规则的：不能让父母顺心，就得不到朋友的信任。让父母顺心是有规则的：反省自己不真诚，就不能让父母顺心。使自己真诚是有规则的：不明白什么是善，就不能够使自己真诚。（原文：在下位不获乎上，民不可得而治矣。获乎上有道：不信乎朋友，不获乎上矣。信乎朋友有道：不顺乎亲，不信乎朋友矣。顺乎亲有道：反诸身不诚，不顺乎亲矣。诚身有道：不明乎善，不诚乎身矣。）

真诚，是上天的原则；追求真诚，是做人的原则。天生真诚的人，不用勉强就能做到，不用思考就能拥有，从从容容就能符合中庸之道，这是圣人啊。努力做到真诚的人，就是选择好善的目标执着追求的人。广泛学习，详细询问，周密思考，明确辨别，切实实行。要么不学，学了没有学会决不罢休；要么不问，问了没有明白绝不罢休；要么不想，想了没有所得绝不罢休；要么不分辨，分辨了没有明确绝不罢休；要么不实行，实行了没有笃实绝不罢休。别人用一分的努力就能做到，我用一百分的努力去做；别人用十分的努力做到的，我用一千分的努力去做。如果真能够做到这样，虽然愚笨也一定可以聪明起来，虽然柔弱也一定可以刚强起来。（原文：诚者，天之道也；诚之者，人之道也。诚者，不勉而中，不思而得，从容中道，圣人也。诚之者，择善而固执之者也。博学之，审问之，慎思之，明辨之，笃行之。有弗学，学之弗能弗措也；有弗问，问之弗知弗措也；有弗思，思之弗得弗措也；有弗辨，辨之弗明弗措也；有弗行，行之弗笃弗措也。人一能之，己百之；人十能之，己千之。果能此道矣，虽愚必明，虽弱必强。）

圣人孔子从六个角度论述了文武之道、治国安邦的重要性。一是文武之道、治国安邦、尊重人才；二是人伦大道，仁、智、勇三大德的重要性。智者不惑、仁者不忧、勇者不惧；三是治理天下国家的九条原则；四是内政外交、扶弱济贫的仁政理念；五是凡事预则立，不预则废的重要性。六是诚信、真诚的必要性和重要性。

学、问、思、辨、行，是我国传统社会的学习原则和方法论。学习任何一门功课，都要有刻苦钻研、精益求精的态度。不要一知半解、似懂非懂、粗心大意。自己不知道的，要虚心请教。问了之后要思考，对于似是而非的要反复思辨，没有弄明白就继续学习和思考。弄明白之后，还要践行，要做到求真务实、知行合一的地步。

如果按照这个学习方法，久久为功，即使是资质平平的学生，用比别人多百倍的勤奋和努力去克服学习上的困难，性格上和方法上就会坚强起来。这样天生资质平平的学生，靠着一勤天下无难事、天道酬勤的方法，也可以变成优等生，从而克服学习的困难，练就坚韧不拔、克服困难的韧劲。有了这种方法和韧劲，克服事业、人生中的困难也就有了信心。

如果要想在某一个领域取得成就，兴趣是成功的一半，任何一项成功都不是一件简单的事情，有兴趣，加上刻苦钻研、勤学苦练，如果没有如琢如磨、如切如磋的功夫，要想在某一领域取得成功是不可能的。历史上的成功人物都要经历这个阶段。这也就是孟子所说的："故天将降大任于是人也，必先苦其心志，劳其筋骨，饿其体肤，空乏其身，行拂乱其所为，所以动心忍性，曾益其所不能。"找到自己喜欢的领域与方向，按照孟子所要求的去践行自己的使命，这样的人生才是有价值、有意义、有使命感的人生。急功近利、好大喜功、贪求虚荣、又急又躁都是生活、学习、工作的大忌。

知耻近乎勇，知道羞耻就接近勇敢了。孩子如果知道羞耻并下决心勇于改过，便是一种生机，是一种值得表扬的行为。一个人如果有了知耻心，才能痛下决心，迎头赶上。一个人如此，一个集体也是如此，一个民族也是如此。

启示与思考

你是如何理解"智者不惑、仁者不忧、勇者不惧的"？

二

中庸"小德川流，大德敦化"有什么教育意义

《中庸》第三十章：孔子传承圣人尧、舜之道，以文王、武王为学习典范，上遵循天时，下符合地理。就如同天地那样没有什么不承载，没有什么不覆盖；又好像四季的更替，日月的交替光明。万物共同生长而互不伤害，道路同时并行而不冲突。小的德行如河水一样长流不息，大的德行能使万物淳厚纯朴，这就是天地之所以伟大的原因啊！〔原文：仲尼祖述尧舜，宪章文武。上律天时，下袭水土。辟如天地之无不持载，无不覆帱（dào）。辟如四时之错行，如日月之代明。万物并育而不相害，道并行而不相悖。小德川流；大德敦化。此天地之所以为大也！〕

本章称赞圣人孔子的道德作用，是践行中庸之道的典范。

《中庸》第三十一章：唯有天下最圣明的人物才能既聪明又睿智，能居于上位而治理天下。广大宽舒，温和柔顺；足以包容天下；奋发强劲，刚健坚毅，足以决断大事；整齐庄重，公平正直，足以敬业；文章条理，周详明辨，足以分辨是非。圣人的道德层次广博深沉，随时表现于外。广阔的如同天空，深沉的如同潭水。他出现在民众面前，人们没有不敬重的；他说的话，人们没有不相信的；他的行为，人们没有不喜欢的。因此他的名声享誉中原之地，传播到南蛮北貊等边远地区。凡是车船能到的地方，人力能通的地方，天所覆盖的地方，地所承载的地方，日月所照临的地方，霜露所降临的地方，凡是有血气的人，没有不尊敬他、亲爱他的。所以说，圣人的美德可以与天相配。（原文：唯天下至圣，为能聪明睿知，足以有临也；宽裕温柔，足以有容也；发强刚毅，足以有执也；齐庄中正，足以有敬也；文理密察，足以有别也。溥博渊泉，而时出之。溥博如天,渊泉如渊。见而民莫不敬,言而民莫不信,行而民莫不说。是以声名洋溢乎中国,施及蛮貊。舟车所至,人力所通,天之所覆,地之所载,日月所照,霜露所队,凡有血气者,莫不尊亲。故曰配天。)

本章论述了圣人孔子具备仁、义、礼、智这四德。"宽裕温柔"是仁的表现。"发强刚毅"是义的表现。"齐庄中正"是礼的表现。"文理密察"是智慧的表现。朱熹赞扬圣人孔子的影响力"言其德之所及,广大如天也",值得我们用心去领悟、去学习。

《中庸》第三十二章:唯有天下最真诚的人,才能掌握治理天下的大纲,树立天下的根本道德。知晓天地化育万物的道理,除了至诚还有什么可依靠的呢?至诚的人,他的仁德是那样诚恳!他的思想像潭水一样深沉,他化育万物的胸襟像蓝天一样广阔!假如不是确实具有聪明睿智、通达天德的人,又有谁能够知道这个道理呢?明确提出了至诚和道德的重要性。

(原文:唯天下至诚,为能经纶天下之大经,立天下之大本,知天地之化育。夫焉有所倚?肫(zhūn)肫其仁!渊渊其渊!浩浩其天!苟不固聪明圣知达天德者,其熟能知之?)

本章论述了"至诚"与"大经""大本"这些观念的重要性。论述"至圣"与"天德"的关系,是行为世范的楷模。

《中庸》第三十三章:《诗》曰:"君子之道表面暗淡而日益彰明;小人之道外表鲜明而日益消亡。君子之道,平淡而让人不讨厌,简略而有文采,温和而有条理,知道远是由近处开始的,知道风是从何处吹来的,知道隐微可以变得明显,这样,就可以进入有道德的境界了。"(原文:《诗》曰:"故君子之道,暗然而日章;小人之道,的然而日亡。君子之道,淡而不厌,简而文,温而理,知远之近,知风之自,知微之显,可与入德矣。")

《诗》云:"虽然潜伏在水底,但也被看得清清楚楚。"所以君子自我反省没有内疚,也就无愧于心了。君子的德行之所以高于一般人,大概就是在这些别人看不见的地方吧?(原文:《诗》云:"潜虽伏矣,亦孔之昭!"故君子内省不疚,无恶于志。君子之所以不可及者,其唯人之所以不见乎?)

《诗经·大雅·抑》云:"看你独自在室内的时候,是不是能做到无愧于心。"所以,君子在未行动之前就怀有恭敬之心,在没有说话之前就先有诚信之心。(原文:《诗》云:"相在尔室,尚不愧于屋漏。"故君子不动而敬,不言而信。)

《诗经·商颂·烈祖》中写道:"祭祀时心中默默祈祷,此时肃静无言没有争执。"所以,君子不用赏赐,百姓也会互相劝勉,不用发怒而百姓畏惧甚于斧钺的刑罚。[原文:《诗》曰:"奏假无言,时靡有争。"是故君子不赏而民劝,不怒而民威于铁钺(fū yuè)。]

《诗经·周颂·烈文》中说:"大力弘扬天子的德行,诸侯们都会来效法。"所以,君子笃实恭敬就能使天下太平。(原文:《诗》曰:"不显惟德,百辟其刑之。"是故君子笃恭而天下平。)

《诗经·大雅·皇矣》中说:"我怀念文王的美德,他从不厉声厉色。"孔子说:"用厉声厉色去教育百姓,那是末节下策。"(原文:《诗》云:"予怀明德,不大声以色。"子曰:"声色之于以化民,末也。")

《诗经·大雅·烝民》中说:"德行犹如鸿毛。"犹如鸿毛还是有行迹可比的。《诗经·大雅·文王》又说:"上天化生万物,既没有声音也没有气味。"这才是最高的境界啊![原文:《诗》曰:"德輶(yóu)如毛。"毛犹有伦。"上天之载,无声无臭。"至矣。]

本章为学者开出了一条如何入德之路。以德治国是我国传统政治的理想，也是圣人孔子的理想。以德治国靠哪个群体来践行？靠君子和士阶层。所以对君子的要求就更高一些。中国历史有一个特征：哪个朝代衰败了，一定是这个朝代的精英阶层开始腐朽和堕落了。这是历史的警醒和忠告。君子之道与小人之道并不是同一条道路。所谓"道不同，不相为谋"。这就要求君子要慎独。孔子论述了道德治国的重要性，德治如春风化雨，润物无声。高声厉色地教训人，用严格的酷刑惩罚人，这些治理手段是末流的做法，值得我们深刻思考。

在自然界有这么一种现象。斑鸠是一种鸟，天性笨拙，不善于自己构建鸟巢，而喜欢占领喜鹊所营造的鸟巢。这就是鹊巢鸠占这个成语的含义，通常比喻享受他人之成果或霸占别人的财产。大鱼吃小鱼，小鱼吃虾米。鱼为了生存，可以吃同类。狗为了争夺食物，可以狗咬狗。这就是弱肉强食的丛林法则。动物界存在弱小者被强大者欺凌、吞并的自然现象。人类则不能接受这种丛林法则的观点。"人是万物之灵。""天地间，人为贵"。那么，人的贵、人的灵性和灵气表现在什么地方？人有思想、有个性、有爱好、有共性、能共鸣、能共情、有感情、有理性、有直觉、有灵感、有文化传承。能组织、能团结、能相互帮助、能改造自然，其他任何动物都不能跟人相比。

《尚书》记载：惟人万物之灵。这是"人是万物之灵"的出处。《孝经》中引用孔子的话说："天地之生，人为贵。"人类有理性，通过文化教育的传承之后，知道什么可以做，什么不可以做。动物没有理性，只能接受本能和冲动的支配。人和动物的区别在于人能践行仁义和道德，动物则不能，动物靠的只是本能和冲动。

孔子在《论语·阳货》一文中对学生讲：饱食终日，无所用心，难矣。意思是说：整日吃饱了饭，无处用心，难以有出息呀。孟子在《孟子·滕文公上》中教育我们，后稷教老百姓种庄稼，学会栽培五谷，五谷成熟而人民群众得到养育。人是有善良天性的，但吃饱了、穿暖了、住安逸了却不加以教育，就和禽兽差不多。圣人又为此忧虑，让契（人名）做司徒（官名），用伦理道德来教育人民：父子之间有慈爱，君臣之间有礼义，夫妇之间有区别，老少之间有等级，朋友之间有诚信。

圣人孔子有一句名言："立人之道，曰仁与义。"由此可见，仁义道德

是做人之道，为人之道。这也是新时代教育立德树人的基本出发点。仁义道德比自私自利好，仁义礼智比桀骜不驯好，仁者爱人比冷酷无情好，仁义之师比虎狼之师好，仁民爱物比残害动物好，仁人君子比卑鄙小人好。仁心仁术则形容医生悬壶济世的高尚品德。

孙中山先生曾在一次演讲中说，我们要人类进步，是在造就高尚人格。要人类有高尚人格，就是在减少兽性，增多人性。孙中山先生在这里所强调要造就高尚人格，增多人性，就是要求人要有道德性。由此可见，道德性是人和动物的一个重大区别。

毛泽东同志要求我们，要做一个高尚的人，一个纯粹的人，一个有道德的人，一个脱离了低级趣味的人，一个有益于人民的人。那么，什么是低级趣味呢？这里主要指低级的庸俗的思想情趣。比如有少数官员为官不为民造福，为了追求权力和金钱，毫无底线。孟子曾告诫：无以小害大，无以贱害贵。养其小者为小人，养其大者为大人。饮食之人，则人贱之矣，为其养小以失大也。

当官不为民做主，不如回家卖红薯。看到腐败分子疯狂敛财，最后都在监狱中度过余生，这样的人生是多么可悲和可怜。这些腐败分子没有做人的道德感，缺乏推广恩惠、惠及群众、为民服务的基本道德素养。一个人、一个集体、一个国家如果都提高了道德感，这个国家和民族就有了希望。《礼记》中记载：故人不独亲其亲，不独子其子，使老有所终，壮有所用，幼有所长，矜、寡、孤、独、废疾者皆有所养。由此可见，中华民族是世界上最讲道德的民族，这就是我们的文化自信和历史自信。

启示与思考

你是如何理解"人是万物之灵"的？你认为人如何能涵养和发挥自己的灵气为社会服务？

三

中庸"车同轨、书同文、行同伦"的历史先进性

在人类数千年文明的历史长河中，产生了四大文明：两河文明、古埃及文明、古印度文明、华夏文明。两河文明、古埃及文明、古印度文明都出现了文明断代，唯有华夏文明历数千年从未中断，至今依旧焕发着勃勃生机。

中华优秀传统文化经典书籍《中庸》记载：今天下车同轨、书同文、行同伦。意思是天下车子的轮距是一致的、文字的字体是一致的、伦理道德是相同的。秦始皇统一六国，实现了《中庸》的这一理想，同时统一了度量衡。我们千万不要小看这一目标的实现，就是到了今天，欧洲也没有实现《中庸》中的理想：车同轨、书同文、行同伦。欧盟也仅仅实现了所谓的欧元统一。欧洲的面积和我国的国土面积大小差不多，可是却分为四十多个国家和地区，语言也没有统一，语言无法统一的背后是文化无法统一，文化无法统一，思想也就无法统一。欧洲实施不了书同文、行同伦的理想。所以，欧洲没法实现统一，实际上是文化的原因。

汉字的统一，对于国家的统一和稳定起了关键的作用。汉字是象形文字，文字的形态和意义直接和稳定，我国幅员辽阔，方言众多，北方语系和江浙、粤语相互听不懂没有关系，我们有统一的汉字和普通话作为沟通的媒介。相反，英语用拼音的方法构造词语，由于语言的变动造成文字的变动，导致文字不稳定，也会导致沟通不顺畅，时间一久，就会出现隔膜，出现隔膜，就会出现离心离德的现象。这就是文字所起的作用。举一个例子来说明：现在英国的大学教授读不懂莎士比亚的原著，需要借助英语字典才能读懂莎士比亚的作品。英语随着社会的发展，要不停地生产新的单词，比如计算机的出现，就有了关于计算机的英语，如果不是专业学习计算机的，可能就无法熟练运用计算机英语，这给沟通和交流带来了许多障碍。然而，我们的小学生就可以顺利地学习几千年前的《论语》和《中庸》。比如《中庸》记载的：仁者，人也。义者，宜也，尊贤为大。为政在人等观点，学生多读几遍就可以理解，这就是汉语的伟大之处。正是有了"书同文"的伟大，所以保留了中国历史、中国文化、中国思想的完整性，绵延千年、一以贯之，这就是善可为法、恶可为戒的春秋笔法。

汉朝登上了历史舞台，从"汉承秦制""郡县治、天下安"成为历史发展、历史趋势的基本要求。封建社会瓦解之后，秦朝开创和实施了中国传统政治治理中央集权——郡——县三级治理的模式。吕思勉在《中国近代史》中写道：等级愈多，则下级受压制愈甚，而不能有所作为。我们现在是六级治理，还有行业管理，治理层级多了三级，管理部门如果太多了之后，就会出现文山会海、官僚主义现象，现在科技这么发达，从治理成本和层级来讲，管理层级越多，反而增加了治理的成本，官僚主义和形式主义也就越多。《现代汉语词典》中关于县这个字的解释是：县和悬是同音字，是悬挂的意思。意思很明白：县具有维系国家安宁的基本属性和重要职责。我国地域广大、地区差异大、民族众多，但是有一个中心，这就是中央集权制——郡县治，天下安的历史特征。县域治理的重要性怎么强调都是应该的。《说文解字》对县的解读：县，系也。县的繁体字左边是县、右边是系，意思是县治理的如何，关系到天下的安危。"良相出于州府，猛将起于卒伍"，说明了郡县治的重要性，同时也说明了秦始皇创立这一制度的生命力。凡是一种制度，必须要经得起历史的检验，这种检验的标准是时间和人心所向。一个制度有没有生命力，要放在历史的长河中去检验，一个制度超过千百年的生命力，这个制度肯定就是好制度，如果经不起历史的检验，就不能说是好的制度。凡是一个好的制度，有一个基本出发点和特征；这个制度的出发点是不是出于公心，是不是能调和折中、斟酌至善？这就是以人民为中心的历史含义。凡是法术，基本特征是出于私心。比如元朝将人分为四等，蒙古族高高在上就是法术的一种表现。满清政府不重用汉人为大将，设置的军机处也是法术的一种表现。意见或法术，只能是暂时的，如果不适应时代潮流的发展，就会被时代淘汰

掉，这是历史的基本经验。

举一个例子来说明：科举制在中国存在了一千多年，目的是国家选拔人才，为国育才。让平民子弟通过读书进入政治治理，不断补充执政的能力和新的血液，避免近亲繁殖、利益集团对政治的腐蚀和把持。中国传统政治是四民社会：士农工商，各有分工，各奔前程。士阶层也就是读书人，从孔子之后就存在，在孔子之前，平民阶层是没有资格读书的，只有贵族阶级有资格读书做官。圣人孔子解放了教育的门槛，平民也可以得到受教育的权利，参与国家的治理，这才是最大的民主和法治，用现在的话说就是打破了贵族阶级的学术垄断。孔子为什么被称为万世师表？是因为孔子开启了平民子弟可以通过读书识字参与国家治理，建功立业的历史先河。要求士阶层"谋道不谋食"，确定了读书人的理想：大道之行，天下为公。孔子的学生曾子所说的：士不可以不弘毅，任重而道远。到隋朝时期，为了选拔人才，确立科举制度。中国传统政治制度史，都是从《尚书》和《礼记·王制》中去寻找历史依据的。

"大道之行，天下为公"，如何实现天下为公这一政治诉求？汉朝和唐朝实施的是"天下为公，选贤与能"。"天下之治乱，不在一姓之兴亡，而在万民之忧乐"。选贤与能、群贤共治，德才兼备是中国历史盛世选人用人的一贯手法，群贤共治的目的是政治秩序的良性运转、社会的秩序稳定、人民的生活安宁和富裕为目标，成就了汉唐盛世。宋朝立国时重视文治而轻武邦，导致宋朝的文艺发展得非常好，而武邦则显得落后。所以历史上的宋朝以弱宋的形象书写在历史的教训之中。郡县制和科举制是制度，元朝和清朝是少数民族的部族军事统治，元朝重用蒙古族，清朝重用满族，不重用汉人，没有做到选贤与能、群贤共治。这是元朝和清朝的统治集团有私心的表现，是实施法术的一种表现。吕思勉在《中国政治只》中说：治天下不可以有私心，有私心，要把一群人团结为一党，互相护卫，以把持天下的权利。其结果，总是要自受其害的。军官世袭之制，后来腐败到无可挽救，即其一端……说的就是元朝和清朝的统治模式。

明末清初的大思想家黄宗羲在《明夷待访录》一书中写道：从尧帝到秦，中间共有二千一百三十七年，从秦到今天的一千八百七十四年（明朝），中国被夷狄分裂的时候有四百二十八年，被夷狄占据的时候有二百二十六年。[1]黄宗羲的学术观点值得我们学习与研究，由此可见，五千多年的文化和历史中，治世多于乱世、盛世多于衰世、和平多于战乱，统一是大势所趋、分裂一定是乱世的历史特征。

从五千多年的历史足迹来看，中庸"今天下车同轨、书同文、行同伦"的实现，为中华民族的向内凝聚、同心同德、团结一致、共筑中华民族共同体意识做出了不可磨灭的历史贡献，也说明了中庸"今天下车同轨、书同文、行同伦"的历史先进性、文化先进性。这是历史的事实，也是历史的趋势。

启示与思考

谈谈你对"车同轨、书同文、行同伦"的理解。

---

[1] 黄宗羲.明夷待访录[M].北京：中华书局，2011.

四

中庸方法论关于德治与法治的理性思考

以德治国和依法治国是中国传统政治的理念,治国理政当中,以德治国和依法治国如何调和折中、斟酌至善才能起到良法善治的效果?运用中庸的方法论来梳理德治与法治的重要性是新时代的一个重要课题。我们简单梳理一下中国传统政治是如何平衡和把握德治与法治理念的。

《论语》记载:子曰:"为政以德,譬如北辰,居其所而众星共之。"白话文的意思是:孔子说:"以道德原则治理国家,就像北极星一样处在一定的位置,所有的星辰都会围绕着它。"强调了道德治理国家的重要性,这是圣人孔子以德治国的论述。那么,孔子在实际工作中是如何处理法律方面的事物呢?孔子说:"审理诉讼案件,我同别人一样(没有什么高明之处)。重要的是必须使诉讼的案件根本不发生!"(原文:子曰:"听讼,吾犹人也。必也使无讼乎!")

《孟子·离娄上》记载:尧舜之道,不以仁政,不能平治天下。但是在实际的治理当中,大部分干部和群众的道德素养、公德意识都很好,也有少数以身试法、危害社会的害群之马。如何践行德治与法治的分寸与平衡,这考验着治理者的水平。《孟子离娄上》给出了建议:徒善不足以为政,徒法不足以自行。意思是说:只有好心不足以把政治治理好,全部依靠法律也不足以让社会井然有序地运行。

唐太宗李世民对德治和法治的态度,值得我们学习借鉴。白居易在诗中记载:"怨女三千放出宫,死囚四百来归狱。""死囚四百来归狱"说的是在贞观六年年末时,快过春节的时候(公元632年),唐太宗亲自审查复核死刑案件时,看到近四百个死囚(《资治通鉴》记载390人,白居易为了写诗的整齐匀称,所以写成"死囚四百来归狱"),当他看到千家万户都在准备团圆过春节之时,想到这些死囚的家里人一定很悲哀,唐太宗

了恻隐之心，大发慈悲，于是就下了一道圣旨：恩准这些死囚春节可以回家与家人团聚。但规定要在当年的秋天再来京城监狱执行死刑。贞观七年（公元633年），被放回去的死囚，在无人监督的情况下，竟然都按时从全国各地返回长安，没有一个逃跑或隐藏的。这是运用德治和以德感化犯人的一个著名案例。

唐太宗感念这些死囚能做到诚信守法，于是赦免了他们的死刑，此举深得民心。历史在总结"贞观之治"盛世局面出现的原因时，往往将这个故事当作唐太宗将德治与法治、德政与爱民、王道不外乎人文关怀的思想记录下来。

唐宋八大家的苏轼在《刑赏忠厚之至论》一文中说，古之圣贤治理国家。有人做了一件好事，奖赏他之余，又用歌曲赞美他，为他有一个好开始而高兴，并勉励他坚持到底；有人做了一件不好的事，处罚他之余，又哀怜同情他，希望他抛弃错误而开始新生。文章记载周穆王吩咐大臣吕侯，告诫他使用"祥刑"。周穆王说的话威严却不愤怒，慈爱而能决断，有哀怜无罪者的仁慈心肠。因此，孔子把这篇《吕刑》选进《尚书》里。古书上说，"奖赏时如有可疑者应该照样留在应赏之列，为的是推广恩泽；

处罚时遇有可疑者则从应罚之列中除去"，为的是谨慎地使用刑法。《尚书》说，罪行轻重有可疑时，宁可从轻处置；功劳大小有疑处，宁可从重奖赏。这是忠厚之至的一种表现。

"可以赏，可以无赏，赏之过乎仁；可以罚，可以无罚，罚之过乎义。过乎仁，不失为君子；过乎义，则流而入于忍人。故仁可过也，义不可过也。"用白话文的意思就是说：可以赏也可以不赏时，赏就过于仁慈了；可以罚也可以不罚时，罚就超出义法了。过于仁慈，还不失为一个君子；超出义法，就流为残忍了。所以，仁慈可以超过，义法是不可超过的。文章接着论述道：当赏罚有疑问时，就以仁爱之心对待。用君子长者的宽厚仁慈对待天下人，使天下人都相继回到君子长者的忠厚仁爱之道上来，所以说这就是赏罚忠厚到了极点啊！

君子止息祸乱，难道有异术吗？他不过是适时地控制自己的喜怒，不偏离仁慈宽大的原则罢了。《春秋》的大义是，立法贵严，责人贵宽。根据它的褒贬原则来制定赏罚制度，这也是忠厚之至啊！（原文：夫君子之已乱，岂有异术哉？时其喜怒，而无失乎仁而已矣。《春秋》之义，立法贵严，而责人贵宽。因其褒贬义，以制赏罚，亦忠厚之至也。）《刑赏忠厚之至论》之所以成为历史上关于以德治国和依法治国的政论文章，贵在其初心、观念、思想和方法。中国传统政治治理之中，凡事治理好的朝代，都汲取和借鉴了该文章中的有益做法。

以上简单地论述了德治与法治的历史传统，从这些历史文献中我们可以学习到以德治国和依法治国相结合是我国传统政治的执政理念，对我们今天以德治国和依法治国有十分重要的借鉴意义。

启示与思考

结合实际，谈谈你对德治和法治的理解。

五

中和位育是一种价值观念

在北京孔庙,祭祀孔子的大成殿中保存有清代溥仪皇帝所题写的匾额——"中和位育"。中和位育是什么意思呢?李国娟老师在《中和位育与社会主义和谐社会》一文中这样解读:尽管"中和位育"最早出现在《中庸》,但它却是上自孔子、下迄新儒家的儒学体系一以贯之的核心理念。《中庸》是以人的情感为例来阐明"中和位育"的基本内涵的。"中"主要是事物各自的"中正、恰当、适度"。"和"是不同事物之间互相作用而趋于协调统一。"位"可以引申为"秩序","育"可以引申为发展。"位育"便是在重视秩序并建构良好秩序的基础上寻求发展。"中和位育"的各个部门之间彼此既相对独立又相互制约,从而构成这样的内在逻辑关系。事物要寻求发展(育),就必须建立合理的秩序(位)。合理的秩序又以事物和谐相处、相互制约为前提(和),而事物之间要实现和谐相处,就必须首先做到"各尽其能,各得其所",各自符合适度原则(中)。在上述逻辑关系中,我们可以发现"中和位育"思想体系中,"中"是前提和出发点,"育"是目标和归宿,任何事物首先要使其内部各要素"各尽其能,各得其所",才能形成和谐有序、不断发展的局面,这就是"中和位育"思想的最简单概括。

如果用上述蕴含于"中和位育"思想中的逻辑关系来解读我们今天的社会发展,可以得出这样的结论:社会要稳步发展,就必须建立合理的社会秩序;合理的社会秩序又是以社会各要素之间的和谐相处为前提的;要达到和谐,首先就要求社会各要素都能"各得其所,各尽所能",这一结论正是我们当前所为之奋斗的社会主义和谐社会的根本要求。

总之,儒家"中和位育"伦理观影响了中国数千年的政治秩序、经济秩序、文化秩序,极大地影响了中华民族的行为方式、思维方式、生存方

式。这一切我们不仅可以通过历史事实得到印证，更可以通过浩如烟海的文本加以阐释。每一个时代的人都从自己的社会历史条件和时代条件出发，从中汲取养料，从而缔造属于自己的断代史。今天，在一个飞速发展、日新月异却又充满价值冲突的社会里，如何让"和谐社会"成为人们普遍的价值追求，并且让这种价值追求从理想走向现实，已经成为我们这代人所面临的时代任务。当我们致力于出色地解答这一时代问题的时候，"中和位育"的传统思想无疑可以给我们许多启迪。

以上是《中和位育与社会主义和谐社会》一文的节选，对中和位育这个价值观念的解读比较客观、合理。

中国传统文化认为，中和为福，偏激为灾。《中庸》表扬圣人孔子能做到"万物并育而不相害，道并行而不相悖。小德川流，大德敦化，此天地之所以为大也"。白话文的意思是：万物共同生长而互不妨害，道路同时并行而互不冲突。小的德行如河水一样长流不息，大的德行使万物敦厚纯朴，这就是天地所以伟大的原因啊！如果这个社会中的每一个人能做到身心的健康发展、个人与社会大群的和谐相处、良好的人际关系、人与自然的和谐，那么，社会的发展就会呈现出毛主席的理想"春风杨柳万千条，六亿神州尽舜尧"的良善局面，这就需要中和位育的思维方式和价值观念。知道中和位育这个道理是一回事，要把中和位育这个道理运用于生活、学习、工作、造福社会又是一回事。这就需要久久为功、久久为善的耐力和恒心。这也是教化的重要性所在。欣喜的是在北京书院，践行"修心、和家、融天下"的教育理念，构建良善有序的社会环境，致力于社会良善秩序的建设，拒绝冷漠、践行邻里之间"守望相助、疾病相扶持"的传统理念。这个理念自然包含了中和位育的思想。我们现在讲的整体观念和系统观念，各个系统如果都能保证组织优良、守土有责、守土有方，那么国家的整体观念就是安全的、稳定的。各个组织和各个系统就能做到让党放心、让人民满意的有序状态。就是中和位育这个观念在治国理政中的具体运用。

中和位育这个观念深刻地影响了东方的许多国家。相对于西方的霸权文明，泰戈尔有一个论断：冲突与征服的精神是西方民族主义的根源和核心，它的基础不是社会合作。诗人泰戈尔一语道破中西文化的区别。中国历史之所以能绵延五千多年而且能走向复兴，造福人类社会，与中和位育的价值观念有着极大的关系。

启示与思考

众所周知，良好的人际关系是成功必需的条件，在干事创业的过程中，你是如何运用中和位育这个价值观念处理人际关系的？

六

中国传统社会的士大夫精神

　　圣人孔子所处的时代,春秋列国的贵族阶级和统治阶级已经衰败。钱穆先生在《国学概论》一书中有一个经典的论述:要之自春秋之末,贵族阶级一旦崩坏,而社会纪织予以大变,此实当时一大事件。故自孔子以下学者精神所注,莫非讨论人类政治与生活之两问题。

　　历史绵延不绝,生生不息,从中西历史的路径来看,我们在经历两晋南北朝乱世之时,孕育着隋唐盛世的到来。而当时的欧洲,正在经历长达一千年黑暗的中世纪,现在的大学源于英国的教会。所以,西方知识分子的迷惘在于科学与宗教、民主与法制、自由与法制、自由与人权、民族与国家等之间的矛盾。而西方知识分子的这些困惑,中国传统政治早就给出了答案:士阶层领导的四民社会——士农工商,各有其责,各奔前程。多数人对社会问题只能提出看法,但是没有解决办法。这就需要士阶层要行为世范地践行"格物、致知、诚意、正心、修身、齐家、治国、平天下"。西方文化由于没有这个格局和视野,文化凝聚的问题解决不了,于是就陷入金钱和权力横行的游戏之中。对于人类更高层次的精神追求和文化预期,西方文明的精神向往只是在宗教上面。笔者认为这是西方文明应该反思的着力点。

　　什么是士阶层?孔子在《论语·子路》中说,行己有耻,使于四方不辱君命,可谓士矣。中国传统历史社会称为四民社会,士、农、工、商。由此可见士阶层在中国历史中的重要地位。

　　孔子的学生曾子说过,士不可以不弘毅,任重而道远。孟子说,有一乡之士,有一国之士,有天下之士。由此可见,士阶层实际上就是读书人,也就是所谓的士君子和士大夫。中国传统政治是文治武邦的治理模式,读书人参与政治治理就演变成各级官员。曾子给士阶层定位是要自强

和弘毅，自强和弘毅已经成为士阶层的一种精神感召。这种精神感召就是士大夫以天下为己任，任重而道远。西方文化也有士这个概念，但是西方的士阶层只是为了自己，中国的士阶层是为国家和集体，有着崇高的理想，那这个理想就是"修齐治平"。这是中西方文化的一差区别。

从春秋战国到秦统一的历史传承之中，士阶层所起的作用无处不在。从六王毕到四海一，再到中央集权——郡县制、天下安的制度设计。西汉时期萧何向刘邦推荐韩信时用了"国士无双"这个词，再到"有一诸葛，已可使三国照耀后世，一如两汉"，再到唐宋八大家，都是士阶层在上下求索，为的是天下太平。

千古名相范仲淹年轻时在寺庙读书时就胸怀大志。当年宋真宗驾临应天府，满城人都去目睹皇帝的威严，范仲淹却在安心读书，别人好奇地问他为何不去。范仲淹回答："改日庙堂相见，不为晚矣。"

范仲淹一生都在干大事。在延安守边关时指导张载学习《中庸》，成就了一代大儒。"为天地立心，为生民立命，为往圣继绝学，为万世开太平"已载入史册。范仲淹在苏州创立义庄制度，同族孤儿寡妇的养与教，费用全由义庄公田承担。义庄制度，开始于范朱两姓，后推行于全国。历经宋、元、明、清四代而益盛。在义庄的基础上出现了同乡会馆，也就是说，这是中国最早的社会主义互帮互助、济弱扶倾的典范。济弱扶倾、守望相助这种观念已经成为中华民族的一个优良传统。成立于2015年的启明公益基金会，是民政部注册的国家一级基金会。启明公益基金会的宗旨是：老吾老以及人之老，幼吾幼以及人之幼。理念是启迪爱心，明镜心灵。其愿景是传承美德，惠泽民生。启明公益基金会成立以来，久久为功地践行"教育是强国之基、兴国之要"的理念，资助启明班学生顺利完成学业，在全国多个城市开展阅读点亮人生的活动，促进校园书香文化的养成。其助力脱贫攻坚的国家战略，向全国832个贫困县捐赠总额度超过两千万元的资金，践行同舟共济、守望相助的仁爱思想。

范仲淹也是一位大教育家，支持胡瑗办学，宋朝的四大书院培养了很多名士和才子，扭转乱世，立志升平。宋明理学的光辉事业就是在书院环境的格局和视野中形成的。胡瑗、孙复、石介、周敦颐、张载、邵雍、二程、朱熹、吕祖谦、陆九渊、王阳明等，哪一个不是让人高山仰止！他们都是大师级人物，令后世敬仰。教育强国是中华民族的一个历史传统。许多有格局、有情怀的大企业家都在致力于为国家培养人才。嘉国第一中的学办学初心就是培养具有家国情怀、世界眼光、立世本领的爱国强国人才。强调德育教育是一个学生做人的根本，将立德树人的教育理念从小学就开始涵养。该校的校训是守初心、行正道、勇超越。校风是修心和家融天下。学风是吃一堑、长一智、自强不息。中华民族是世界上最重视道德涵养的民族，德才兼备、厚德载物是百年树人的文化根基。比如，悦康药业秉承"合和文化"的理念，多年来承担社会责任，助力乡村振兴的健康事业和乡村教育。中国传统文化认为，治病救人和教书育人就是积大德行大善最好的路径，绵延了自强不息、厚德载物的文化传承。

孔子给士阶层的定位是士志于道，孟子给士阶层的定位是士尚志，实际上就是要求作为士阶层要修身、齐家、治国、平天下。圣人孔子又说："士志于道，而耻恶衣恶食者，未足与议也。"这种格局和视野，一直到今天，都影响着中华文化的性格和文化根基。自由主义和资本主义有这种视野和格局吗？在其狭隘的利益格局中，培养了很多"精致的利己主义者"。这与中华传统文化的价值观念相矛盾。

我们讨论教育和文化以及社会治理的问题，一定要考虑这个社会问题的历史背景和时代背景。如果不考虑这个问题，想当然的、一时激动、一时兴起、拍脑门地制定政策，那就会祸害一方，不是造福一方。社会进化和治理有一定的历史绵延性和历史规则，不是漫无目的、随风飘荡、一时兴起而随心所欲、毫无规则所言的。即使出发点很好，如果没有好的办法，没有好的组织，没有好的纪律监督，没有良质良才、群贤毕至、群策群治的格局和视野，即便好的事情在实施的时候也会制造出许多坏的结果，这样的事情就是好心办坏事。所以，治国理政不是只要有革新的思想即可，也不是只要有一个美丽的口号即可。必须要实事求是地了解社会发展的问题和症结，而不是"头痛医头、脚痛医脚"，社会治理问题是层出不穷的。社会治理的良性状态是：相对公平、合理公正、秩序良善，这就是传统士阶层应该具备的情怀和使命。

启示与思考

"士大夫精神"是指中国古代社会中的士大夫阶层所具有的道德品质和精神境界。这种精神通常包括诚实守信、学识渊博、文武兼备、尽责尽职等。在中国文化中,士大夫精神被视为是道德和文化的典范,是个人和社会发展的理想目标。

谈谈你对"士大夫精神"的理解。

七

中华文化的道德修养

《中庸》第十七章：孔子说："舜可以说是大孝之人了吧！论德行他是圣人，论地位他是尊贵的天子，论财富他拥有整个天下，后世在宗庙里祭祀他，子子孙孙都保持他的功业。所以，有大德的人必定得到他应有的地位，必定得到他应得的财富，必定得到他应有的名声，必定得到他应得的寿数。所以，上天生养万物，必定根据它们的资质而厚待它们。能成才的得到培育，不能成才的就遭到淘汰。"《诗经·大雅·假乐》说："高尚优雅的君子，有光明美好的德行。让人民安居乐业，享受上天赐予的福禄。上天保佑他，任用他，给他以最大的使命。"所以，有大德的人必会承受天命。（原文：子曰："舜其大孝也与！德为圣人，尊为天子，富有四海之内，宗庙飨之，子孙保之。故大德必得其位，必得其禄，必得其名，必得其寿。故天之生物，必因其材而笃焉。故栽者培之，倾者覆之。"《诗》曰：'嘉乐君子，宪宪令德，宜民宜人。受禄于天。保佑命之，自天申之。'故大德者必受命。"）

我国台湾地区的曾仕强教授有一个论断：治国理政，公平正义就是最大的道德，也是最大的能量，同时也是最高的道德。能凝聚民心起到示范作用。凝聚共识，聚能化异。这就是求大同、化小异的深刻含义。

孙中山在《三民主义》中写道：尼泊尔到了民国元年（1912年）还到四川来进贡，元年以后，由于西藏道路不通，便不来了。这样来讲，中国国力最强盛时候政治力量也威震四邻，亚洲西南各国无不以称藩朝贡为荣。这种现象也就是历史学家所称的朝贡体系。为什么会这样？一定有深刻的历史原因：那就是中华民族的道德性赢得了周边民族和国家的向往和认可。

孙中山当年在广东建立护法政府（1917年），英国领事到大元帅府求见孙中山，怂恿南方护法政府参加第一次世界大战。孙中山对英国领事说："你们现在战争所竖立的目标是主张和平，我们本来很欢迎的，但是实际上你们还是讲打不讲和，专讲强权，不讲公理。我以为你们专讲强权的行为是很野蛮的，所以让你们去打，我们不必参加。"

英国人认为"强权就是公理"、武力就是公理、能力就是公理。这是一种丛林逻辑，大自然是弱肉强食，适者生存。人类如果也是这种理论，那么，弱势群体和弱小民族难道活该被欺负、被奴役、被压迫。我国几千年的《孝经》早就提出，治理国家，不欺负残疾孤独者，这是中华文化仁政和善政的伟大之处。

孙中山在《三民主义》中写道：讲到中国固有的道德，中国人至今不能忘记的，首是忠孝，次是仁爱，其次是信义，其次是和平。中国有非常系统的政治哲学，就是《大学》中所说的"格物、致知、诚意、正心、修身、齐家、治国、平天下"那一段话。其把一个人从内发扬到外，由一个人的内部做起，推到平天下为止。像这样精微开展的理论，无论外国政治家、哲学家都没有见到，都没有说出，这就是我们政治哲学的智识中独有

的宝贝，是应该保存的。这正心、诚意、修身、齐家的道理，本属于道德的范围。①

"后生可畏，焉知来者不如今也"，便是一种文化自信。圣人从人之初，性本善的角度予以解读。圣人"天生德于予"，白话文的意思是：我的道德是天生给我的。举例说明：孝顺父母，就是做人的基本道德。爱国爱民也是中华民族每一分子的基本道德。道德是一个人的行为，作为人，孝敬父母是基本的道德行为，自己应该为自己的道德负责。圣人"天生德于予。"立志于孝敬父母、立志于精忠报国、振兴中华这些都是可以做到的。贫贱之家可以出大孝子，国家衰败了，可以出英雄豪杰。拨乱反正，扭转乾坤。这就是中华文化"自强不息，厚德载物"的历史自信。我国地大物博，地域广阔。从地名上就可以说明中华民族是世界上最讲道德的民族，比如贵德县、承德、隆德、德化、德州、常德等。家长给孩子起名字口含"德"字的太多了。这就是中华文化对道德向往和认同的一种文化表现。

新时代教育理念是以德树人。选拔干部是德才兼备，以德为先。这些理念的提出，都是绵延和弘扬中华传统文化、强调道德的重要性的具体体现。

启示与思考

谈谈你对道德修养的认识。

---

① 孙中山．三民主义［M］．北京：东方出版社，2014．

八

铸牢中华民族共同体意识

　　一个民族、一个国家有没有希望，可以从这个民族和国家的历史足迹中去了解、分析、研判、洞察、深思、总结的，这就是学习历史的意义所在。俗语说：文史不分家。一个民族、一个国家的文化精神和历史精神是不能分开的。中国历史记载了王朝兴衰，同时记载了中华民族的文化精神和历史精神，这是中华文化和历史的伟大之处。从《诗经》到汉乐府，从汉乐府到唐诗、从唐诗到宋词、从宋词到明清小说、从明清小说到戏剧，文化的展现方式百花齐放、百家争鸣。其核心都是为了抑恶扬善、扶正祛邪、褒贬是非、弘扬正气。

　　现代人经常批评的所谓"封建黑暗"到底是什么概念？《现代汉语词典》中对封建是这样解释的：一种政治制度，君主把土地分给宗室和功臣，让他们在这土地上建国。我国周代开始有这种制度，以后朝代也曾仿行。但是在历史的进程中，郡县制替代了封建制。封建具有世袭的特点，而英国皇室到今天还是世袭制，这种制度我们也可以称为封建黑暗吗？

　　毛主席在《七律·读〈封建论呈郭老〉》中写道："劝君少骂秦始皇""百代都行秦政法"。从这首诗中我们可以领略伟人的历史情怀。"百代都行秦政法"指的是自秦朝开始，我国便继承了秦朝的政治制度。秦朝是我国历史上第一个实现了中央集权实行郡县制，天下安的历史王朝。

　　秦朝依法治国，仁义不施，二世而亡。《阿房宫赋》是唐代文学家杜牧的赋作：灭六国者，六国也，非秦也。族秦者，秦也，非天下也。后人哀之而不鉴之，亦使后人而复哀后人也。经过楚汉争霸，刘邦建立了西汉王朝，范晔在《后汉书》中记载：汉承秦制。

　　圣人孔子的理想在《中庸》一书中是这样表述的：今天下车同轨、书同文、行同伦。秦始皇创立的秦朝实现的是中央集权——郡县制的政治制

度。实现了圣人孔子的理想：普天下车同轨、书同文、行同伦。纵观中国历史的主流趋势，统一是民心所向，分裂是民心所背。我国历史有一个特点，分裂时期就是乱世和衰世。比如，三国两晋南北朝时期、五代十国时期、南宋时期、民国时期。由此可见，政治如果不稳定，一切都会动荡不安，苟全性命于乱世，百姓就会民不聊生。这就是"宁做太平犬，不做乱世人"这句谚语的深刻含义。只有中央集权——才能政令统一，方能保证郡县制，天下安的局面，才能实现政通人和，人物俱良的治理格局。

《封建论》是唐代文学家、政论家柳宗元创作的一篇著名的政论文章。文章对"分封制"进行了全面的分析，充分论证了郡县制的巨大优越性。秦朝创立的中央集权——郡县制，却二世而亡。不数载而天下大坏，原因是"时则有叛人而无叛吏，人怨于下而吏畏于上，上下相合，杀守劫令而并起。咎在人怨，非郡邑之制失也"。其意思是说：那时有造反的老百姓而没有反叛的官吏，老百姓在怨恨秦王朝的残酷统治；官吏在上惧怕朝廷不施仁义。全国四面八方互相配合，杀郡守劫县令的事情在各地同时发生。错误在于法律太残暴，丧失人心，激起了人民的怨恨和反抗，并不是中央集权——郡县制的过失。

汉承秦制，然而封建之始。郡国居半，时则有叛国而无叛郡。秦制之得亦以明矣。继汉而帝者，虽百代可知也。意思是说：当时汉朝开始恢复封建制的时候，诸侯国和郡县各占一半疆域，那时只有反叛的诸侯国而没有反叛的郡县，秦朝郡县制的正确性也已经得到验证了。继汉朝而称帝的，就是再过一百代，也可预料到郡县制比封建制优越。

到了唐朝,"时则有叛将而无叛州。州县之设,固不可革也"。过失不在于设置州县而在于藩镇拥有重兵,那时有反叛的藩镇将领而没有反叛的州县长官。郡县制的建立,确实是不能改变的。

柳宗元由此感慨道:"使贤者居上,不肖者居下,而后可以理安。"

1840年以来,由于清政府的腐败无能,导致文化不自信,西方在坚船利炮的加持下,到处欺负和奴役弱小民族和国家,同时传播基督教。西方列强知道想消灭一个民族,要先从文字、文化、历史来消灭它。比如,日本侵略我国台湾时,强行用日语进行灌输。同时,丑化一个民族,标榜自己文明的先进,这是帝国主义和殖民主义的套路。为了达到这个目的,制造一些词语和概念来丑化弱小民族。为什么会这样?道理很简单,列强认为:谎言说一千遍便是真理。媒体成天宣传一个人和事物不好,很多人就会认为他不好。这是表面现象和问题本质之间的关系。透过现象看本质,是判断事物的一个基本方法。

秦朝是我国历史上第一个实现了郡县制的王朝,由封建制到郡县制,这是历史的进步。秦始皇创立秦朝,任用楚国的李斯为丞相,重用齐国的蒙恬为大将,而秦始皇自己的亲兄弟则为普通百姓,没有封邦建国。这种气魄和气度,超越千古;这种大公无私的魄力,成就了千古一帝,实现中庸的理想"今天下车同轨、书同文、行同伦"。到了汉朝,汉承秦制、到了隋朝,隋承汉制、到了唐朝,唐承隋制。只是到了元朝和清朝,由于是少数民族军事武装集团建立的政权,只重用少数民族武装集团的部族领导,以至于有铁帽子王、八旗子弟的传统,具有世袭的落后思想。但是在制度上,元朝和清朝还是传承了中央集权——郡县制的制度。正是由于元朝和清朝部族领导的私心在作怪,不重用文官制度,不注重选贤与能,导致治理水平越来越差,这是历史的客观事实。

为什么说郡县制取代封建制是历史的进步?封建制是封土建邦、封土建国。在封建社会可以实行世袭制度,造成近亲繁殖、阶层固化。郡县制打破了世袭制度,陈胜"王侯将相,宁有种乎?"如何解决"能安天下者,唯在用得贤才"这个问题?隋的科举制度解决了这一问题。

唐朝的李世民"抚九族以仁"。李世民在宁夏的灵州(今灵武市)会见少数民族的百王。这就是历史上有名的:灵州盛辉酬百王,民族和睦乐太平。由于李世民"抚九族以仁"，少数民族的可汗对李世民心悦诚服，尊请唐太宗李世民为"天可汗"，天可汗的意思是可汗的可汗。和天一样尊贵。用千古明君李世民的话讲：自古皆贵中华，贱夷狄，朕独爱之如一，故其种落皆依朕如父母。说明了民族大团结的原因：一视同仁、视民如伤地对待各个弱小民族。由此可见，中华民族的大团结是有着历史和文化根基的。

时代发展到今天，中华民族共同体是中华各族人民在长期历史发展中形成的政治上团结统一，文化上兼容并蓄，经济上相互依存，情感上相互亲近，你中有我、我中有你、谁也离不开谁的民族共同体，是建立在共同历史条件、共同价值追求、共同物质基础、共同身份认同、共有精神家园基础上的命运共同体。由此可见，"铸牢中华民族共同体意识"助力中华民族的伟大复兴是历史的责任，也是历史的使命。

启示与思考

李世民讲过一个经典的论述：自古皆贵中华，贱夷狄，朕独爱之如一，故其种落皆依朕如父母。这说明了民族大团结的原因是一视同仁、视民如伤地对待各个弱小民族。你如何理解这句话的含义？

九

让青少年远离游戏伤害

随着智能手机的运用，越来越多的孩子玩游戏上瘾，这会导致青少年的脊椎发育扭曲，进而引发许多疾病。作为家长，要重视这个问题的严重性。

青少年网络成瘾，原因之一是家长和孩子互动太少，孩子缺乏亲情陪伴。在青春期时期，有些孩子不愿意和家长交流，是因为每次和父母沟通、倾诉自己的困惑时，有些父母由于自己工作和生活的压力太大，性格变得很急躁，从而把这些焦虑的情绪转嫁给孩子，孩子就会被要求、被责备、被期待。成长中的孩子如果缺乏亲情陪伴和亲情交流，网络和游戏就会乘虚而入，引诱孩子在网上娱乐以至于上瘾。而制作游戏的都是成年人，网络游戏的手法是汇聚了各个方面的技巧来让自制力和自控力很差的孩子上瘾。这是社会环境问题，作为家长，要把这个道理告诉孩子。不至于在孩子上瘾之后再予以纠偏，否则成本太大，而且劳心劳力。

从关爱青少年的脊梁骨这个角度来讲，青少年更应该远离游戏的侵害。总是低头看手机、沉溺于网络游戏，会导致近视、肥胖、青少年脊柱侧弯问题的发生。据统计：我国青少年脊柱侧弯人数已经超过 500 万，并以每年 30 万左右的数字递增。少年强则国强。据北京正骨堂中医医院的专家介绍：正心、正骨、正念、正行为是"正气存内"的关键所在。如果青少年出现了脊柱问题，应该早发现、早治疗为佳。青少年远离游戏，预防脊柱侧弯应坚持以正心为前提、以正骨为基础、以正行为保障。如果一个少年心不正、骨不正，就会暮气沉沉，直不起腰。

青少年时期正是模仿性非常强的时期，千万不要让孩子沾染上不良的站姿和坐姿，导致脊柱变形。脊柱变形会引起一系列的疾病病变。网络上面什么都有，好与坏、是与非、善与恶、正能量与负能量交织在一起，如

果孩子受到了负能量和不良的价值行为的引导,这是家长和老师应该注意的问题。给孩子塑造一个良好的成长环境,是老师和家长的责任。学生如果一味地沉溺于网络,就会失去涵养正心正念、与社会交往的机会,只知道和游戏打交道,不知道如何与人为善,久而久之,就会变得冷漠的、急躁、狭隘和肤浅,不会社交。

人是有灵性的,这里的灵性,也是情感的一种表现。守望相助、风雨同舟、患难与共这些成语,描述的都是人的情感需求。正是这些情感需求,才能打动我们的心灵,从而激发文学和诗词、戏剧和电影等文艺创作。唐诗和宋词的文学表述,如"日暮乡关何处是?烟波江上使人愁""沉舟侧畔千帆过,病树前头万木春""匹夫而为百世师,一言而为天下法""尔曹身与名俱灭,不废江河万古流",机器永远写不出来,道理很简单,机器没有情感和灵感,也没有情感需求,因为它只是一种工具。工具我可以用,也可以不用,工具与人的情感没有关系。工具用得好,可以为我们人类服务;工具用得不好,就会祸害人类社会。比如,核能源、克隆技术、器官移植技术、人工智能等。日本的核泄漏对大自然和海洋的损害是非常久远的,这就给人类社会提出了一个伦理问题:科技必须向善。否则,科技就会危害人类,这方面的案例有很多。科技如果没有道德和伦理的规范,就会漫无目的地发展,最终祸害的一定是人类自己。核武器、核泄漏就是一个例子。

工具运用好了,可以为我们服务,比如计算机和互联网既方便了人们的沟通和交流,也提高了办事的效率,方便于统计以及信息的传递,资源的配置和掌握。但同时带来了用户的隐私如何保护、大数据杀熟、算法等问题。通过大数据和算法,不停地给用户推送其关心的信息,我们要知道,这些信息可是鱼龙混杂、良莠不齐的,用户有多少能力来分辨信息的正确性?时间久了,用户沉浸于狭隘的认知里,活在互联网主导的生活之中。时间久了,是不是一种信息茧房?如果活在这样的世界里,换句话说,是不是让人受制于机器,这样的人生如何能写出"大漠孤烟直,长河落日圆""黄鹤一去不复返,白云千载空悠悠"这样的诗句?人的文学修养、道德修养、心灵寄托、艺术涵养何来之有?

互联网制造出的游戏,是专业队伍精心制造出来的。青少年意志大比较薄弱，控制力不强，容易对网络游戏上瘾。上瘾，是指对某些人或事呈现病态的依赖。玩游戏上瘾，是人类的通病，也是世界上的难题。对此，政府层面积极作为，出了不少利好政策，让家长和孩子知道问题的严重性，自觉远离游戏的伤害。

启示与思考

日常生活中，你是否能做到"站如松，坐如钟，行如风，卧如弓"？

十

乡村振兴要提高人民群众的公德意识和文化素养

"郡县治，天下安"是中国传统政治的一大法则。如何保障郡县制的顺利实施？我国汉朝时期选拔官吏时强调：德才兼备，以德为先。为什么这样讲？比如汉朝选拔官吏，主重两点：一是注重乡里的舆论评价与该官员的日常道德和群众口碑；二是注重考核地方治理的实际成效。

到了唐朝，由朝廷公开选拔治理地方的官员，这就是成熟的科举制。考试是公开的，但是也非常重视选拔人才的道德性，比如唐朝科举制有一条规定：自家清白。如果考试的学子有道德上的污点和瑕疵，便不能参加考试，朝廷可以取消他的考试权。这大体上绵延和传承了汉朝德才兼备的选人用人标准。经过考试，再派到地方县里去实际历练，根据治理的成效再予以选拔。这就是良相出于州府的实际用意。

唐朝的科举制度，保证了选拔人才的公平性，也保证了人才的平民性和群众性。安南有一个学子，经过层层选拔，在唐朝当了宰相。我们可以从白居易、李白、杜甫等这些大诗人的文章中去领悟这些士阶层的救世情怀。一首首唐诗，是对唐朝的政治、文化、教育、经济、军事、战争、宗教、理想的真实写照，反映了中华文化的情怀和广大群众对修齐治平的理想。同时，说明了一个问题：到唐朝时期，文学和书法已经在平民中生根发芽、开花结果。从唐诗的影响力来看，文学如果不走进群众，没有在群众中生根发芽，只描述权贵，那就缺乏传播性和群众基础。这样的文学基本上属于自娱自乐，随着时间的推移，糟粕的作品就会被湮没在历史的长河之中。

钱穆先生在《中国文化史导论》一书中有一个著名的论断：汉代人对于政治、社会的种种计划，唐代人对于文学、艺术的种种趣味，这实在是

中国文化史上之两大骨干。后代的中国，全在这两大骨干上支撑。政治、社会的体制，安定了人生的共通部分。（如果没有一个稳定的政治环境，一切都不可能得到良好的发展。）文学、艺术的陶写，满足了人生的独特部分。中国后代人常以汉、唐并称，这亦是一个主要的意义。①

我们在解决了温饱问题之后，不要都想着人人去发财，因为地球上的资源是有限的。人人都去发财，这种想法本来就是幼稚的，没有可持续性。关注力应该放在道德和文艺方面，这就是孔子圣人的理想：礼乐治国，成本最小，效果最好。而礼乐是要涵养的，我国的书法艺术，在魏晋时代，已经成为一种民间艺术。王羲之的《兰亭集序》中的名句：群贤毕至，少长咸集印证了这一点。

老百姓喜欢在家中挂一幅书法艺术品或者是中国山水画。四合院布置得有山有水来寄托情怀。这就是文化和艺术的群众基础，文化和艺术充实了我们的精神生活。杜甫的诗、韩愈的文章、吴道子的画、王羲之和颜真卿的书法、千里江山图以及中国山水画的艺术境界，这些都是中华文化的瑰宝，含有极高的道德情操。所以，中国历史上所遗留下来的文化遗产，足以充实我们的精神世界。而现在，一味地去寻求财富，我们的精神和道德却在滑坡，这是我们想要的生活吗？

比如我们现在所提倡的非物质文化遗产，几千年的历史中，每一个地方都积累和涵养了自己的文化遗产，比如，剪纸艺术、陶瓷艺术、音乐和乐器、中医药的艺术属性等，如果开发和弘扬出来，这就是人物俱良、礼乐治国的践行。

物质的极大丰富不能代表心灵的愉悦。不能说你拥有苹果手机、豪华别墅、私人飞机就实现了心灵的愉悦和精神的充实。只是说满足了你的工具属性、物质拥有、时髦心理而已，这是问题的关键。道德、文学、艺术这就是我们所说的人格修养和人文情怀。西方的人格修养是宗教、科学、法律、金钱。这是中西文化的一个差别。所以说中国文化是温和的、文艺的、道德的。道德是建立在"人同此心，心同此理"的心性基础上。

书法艺术、对联、中国山水画、诗词歌赋在民间有着极强的生命力和

---

① 钱穆.中国文化史导论[M].北京：商务印书馆，1994.

历史渊源。可以传承文以载道、教化风气的作用。从近代历史可以看出，激进一派认为"礼教吃人"、黑暗的封建社会、打倒孔家店、线装书扔进茅厕里，废止汉字、全盘西化、全变速变等口号是多么幼稚与可笑。一个民族的文化传承和文化习惯是打不倒的，文化是一个民族集体的记忆。这就是党的十九大强调"文化兴国运兴，文化强民族强"的深刻含义。

钱穆先生在《国史大纲》中告诫我们：政治不安定，则社会一切无出路。社会一切无出路，则过激思想愈易传播流行，愈易趋向极端。要对此加以纠正与遏制，又不知费却国家多少元气与精力。继续此种国内政治之不安定，社会之无出路，则会引起更严重的外患。自民国四年"五九"对日屈服，直至民国二十年"九·一八"沈阳事变，东四省被占，以至民国二十六年"七·七"事变，开始全国一致对日抗战。

抗战胜利后，中国共产党迎难而上，担负起历史的重任，建立了中华人民共和国，并实现了中华民族站起来、富起来、强起来的历史使命。乡村振兴是一个宏大的时代使命，中国特色社会主义进入新时代，我国社会主要矛盾已经转化为人民日益增长的美好生活需要和不平衡、不充分的发展之间的矛盾。人民群众在民主、法治、公平、正义、安全、美好环境、公德意识、文艺需求等方面的要求日益增长。

资本商业的无序发展，让人们处处以金钱来衡量。这种行为方式违背了中国传统的价值取向。所以，乡村振兴和社会治理应该厚植社会公德和群众文艺性的意识。我国历史文化底蕴深厚，任何一个县域都有自己的文化传承和特色，这就是文化繁荣的表现。民间非物质文化遗产的弘扬与传承也是绵延中华优秀传统文化的精髓所在。这既丰富了乡村振兴的实际内容，也厚植了群众的道德性和文艺性。

启示与思考

乡村振兴要提高人民群众的道德性和文艺性，你认为应如何提高群众的道德性和文艺性？

十一

"民主为民、科技向善"是中华民族为世界贡献的智慧

第一次世界大战后,战胜的协约国为了惩罚战败的同盟国(注:北洋政府当时代表中国参加了协约国),1919年在巴黎召开巴黎和会,签订了《凡尔赛和约》。《凡尔赛和约》是帝国主义重新瓜分世界的真实记录。重大问题都由美、英、法三国代表决定。中国政府在第一次世界大战期间参加了协约国,宣布对同盟国作战,派出17.5万名劳工到欧洲支援"一战",牺牲了不少同胞,支援了协约国大量的粮食和劳动力。为取得第一次世界大战最后的胜利做出了巨大贡献和牺牲。作为战胜国,正当合理的国家主权却被帝国主义列强无情地践踏和蹂躏。

中国代表团向巴黎和会提出两项提案:取消帝国主义在中国的特权;取消日本强迫中国承认的《二十一条》,收回山东的权益。收回战败国德国强占的山东半岛的主权是合理的诉求。这两项合理的提案竟然被巴黎和会《凡尔赛和约》否决了。《凡尔赛和约》规定,将战败国德国在山东的权利转让给日本。这个和约严重损害了中国的利益,北洋政府以顾维钧为首的代表团拒绝在《凡尔赛和约》上签字。这是从1840年以来,80年来积贫积弱的中国第一次对世界上的帝国主义列强说不。

当时大量的海外华人聚集在中国外交部代表团驻地,将驻地包围得水泄不通,给中国外交公使施加压力。华人组成敢死队,有上千人报名,准备用三条人命换一个中国公使的性命,要求誓死收回山东。每一次在中华民族遇到灾难深重的时候,大部分海外华人都会挺起中华民族的脊梁,支持国家。海外华人一直是支持中华民族走向富国强民的一支重要力量。在新时代,我们应该更好地运用这股力量,为中华民族的伟大复兴增加凝聚

力和向心力。

31岁的青年外交家顾维钧临危受命，他在巴黎和会上义正词严地指出，三千六百万之山东人民，有史以来为中国民族，用中国语言，信奉中国宗教；胶州为中国北部之门户，亦为沿岸直达国都之最捷径路，以文化言之，山东为孔、孟降生，中国文化发祥之圣地；以经济言之，人口既已稠密，竟存已属不易，不容他国之侵入殖民。为争取西方列强的理解与支持，顾维钧将孔子比作耶稣，山东比作耶路撒冷，指出中国之不能放弃山东就像西方之不能失去耶路撒冷一样。顾维钧从历史、国防、文化、经济、人口五个角度有理有据地予以阐述，尤其从文化角度、将心比心地说明了山东对于中国的重要性。

顾维钧抱着"苟利国家生死以，岂因祸福避趋之"的精神挺身而出，他慷慨致辞："我很失望，最高委员会无视中国人民的存在，出卖了作为战胜国的中国，我很愤怒，你们凭什么把中国的山东省送给日本人？中国人已经做到了仁至义尽，我想问问，这样一份丧权辱国的合约，谁能接受？所以我们拒绝签字，请你们记住，中国人永远不会忘记这沉痛的一天。"弱国无外交，但是有卓越的外交家。那时的顾维钧以及他身后的中国代表团，依然相信——即使道路荆棘丛生，群魔乱舞，正义也一定会战胜邪恶！

与此同时，消息传回国内，帝国主义列强的强盗逻辑，简直是欺人太甚，民怨沸腾，忍无可忍，终于在1919年5月4日爆发了五四运动。这是五四运动发生的国际背景、国内背景、国际国内交织在一起的时代背景。五四运动的爆发，是中国近代、现代史上具有划时代的一件重大历史事件。

正如习近平总书记在《纪念五四运动100周年大会上的讲话》（2019年4月30日）中讲到，五四运动以全民族的力量高举起爱国主义的伟大旗帜。五四运动，孕育了以爱国、进步、民主、科学为主要内容的伟大五四精神，其核心是爱国主义精神。经过五四运动洗礼，越来越多的中国先进分子集合在马克思主义旗帜下，1921年中国共产党正式宣告成立，中国历史掀开了崭新一页。

"新时代中国青年要自觉树立和践行社会主义核心价值观，善于从中华民族传统美德中汲取道德滋养，从英雄人物和时代楷模的身上感受道

德风范，从自身内省中提升道德修为，明大德、守公德、严私德，自觉抵制拜金主义、享乐主义、极端个人主义、历史虚无主义等错误思想，追求更有高度、更有境界、更有品位的人生，让清风正气、蓬勃朝气遍布全社会！"以上是习近平总书记在《纪念五四运动 100 周年大会上的讲话》中的谆谆教诲。

英国著名的历史学家汤因比在中国改革开放之初就说，西方观察者不应低估这样一种可能性：中国有可能自觉地把西方更灵活、也更激烈的火力与自身保守的、稳定的传统文化融为一体……如果中国能够在社会和经济的战略选择方面开辟出一条新路，它也会证明自己有能力给全世界提供中国和世界都需要的礼物。这个礼物应该是现代西方的活力和传统中国的稳定二者恰当的结合体。

历史已经证明，西方一人一票的所谓民主选举，选不出真正的精英和第一流的政治家。这些政客除了擅长表演艺术之外，就是相互攻击、相互抹黑、除了金钱选举之外，民生的疾苦和社会的不公依然没有解决。科学漫无目的地发展，导致环境恶化、生态失衡、危机重重、人心惶惶。这是民主与科学需要警惕的地方。

你敢想象这样一个事实吗？根据美国 CNBC 在 2016 年的一则报道，在这个物质财富极丰富的超级大国中，每晚仍有十分之一的人饿着肚子睡觉。美国农业的生产能力，理论上是足够填饱全美洲人民的肚子。也就是说，美国缺乏的不是物质财富，而是公平和公正，缺乏的是仁慈心和道德心。

美国经济很发达，但是其所谓的现代化引发的周期性的金融危机、社会危机无处不在：网络安全、气候变化、环境资源的枯竭和环境恶化、低生育率、老龄化、精神和心理疾病流行、心理恐慌、极端主义、恐怖主义和高人一等的身份政治等，导致了世界人民对资本主义的信仰危机。这些信仰危机表现在：选举导致社会撕裂、政治动荡已经是一种常态，人们精神普遍空虚，于是吸毒、酗酒、枪击暴力犯罪、贫民窟不断扩大、无家可归、种族歧视、家暴、高离婚率、单亲家庭、黑社会等，民众的高失业率和生活压力，贫富差距、社会问题层出不穷。由此可见，经济很重要。但是，精神健康、文化涵养、道德自觉、仁爱之心、仁者爱人、人道主义、心灵愉悦、社会公平与正义应该更重要。从美国这些社会问题来看，美国以经济和物质为追求的社会发展目标已经是穷途末路、举步维艰、难以为继的发展模式，这给世界各国带来了警醒。预示着新自由主义和资本主义无序发展的末路已经在路上。

如果以金钱和权利发展为人生目标，社会就呈现出：急功近利，浮躁之风、表演盛行、道德沦丧，官僚主义、形式主义盛行不衰。中华优秀传统文化的美德缺乏生存和成长的空间，绵延了五千多年的中华优秀传统文化得不到彰显。仁政善政、良法善治、勤劳致富、勤俭节约、艰苦奋斗，诚信忠厚等传统美德如果得不到弘扬，趋炎附势、投机钻营、急功近利之徒就会张牙舞爪。这会导致社会共识的瓦解、文化的中断、社会价值观念的撕裂，这不是理想的发展模式。怎么办？这成为仁人志士一直在思考的社会问题。

西方所谓的政治民主犯了两个严重的方法论的错误：一是用研究自然科学、物理科学的方法来研究人文和社会治理；二是中了达尔文弱肉强食、适者生存观念的"毒"。

中华传统文化对于邪和正有一个标准，这个标准就是仁。除天下之害，谓之仁。

民主与科学是五四运动倡导的主流价值观念，一百多年过去了，今天的中国奋进在新征程的大道上。民主的内涵已经变成"以人民为中心"的中国式民主。中国式民主绵延了中华优秀传统文化选贤任能，在贤能之中再汇聚集体领导的中西治理模式。

科学向善，科学需要人文精神，科学为民才是科学发展的正道，这是将中华优秀传统文化的善政和科学相结合，将仁爱、良善传统的价值观念和科学相结合，造福于人类的价值观念。世界人民需要科学向善的科学。这是历史进步的主流民意，西方科学漫无目的地发展，比如科学发展出核武器、核泄漏、生物战争、化学武器、毒品危害、电子毒品等给人类带来了看得见和看不见的威胁。科学也不是所谓发达国家用来制裁发展中国家的手段。科学更不能成为薅羊毛的工具、成为资本无序发展的借口，科学更不是用来欺负和侵略弱小民族的战略手段。

选贤任能、群贤毕至的民主是为了让人民幸福地生活。党的二十大报

告把发展全过程人民民主确立为中国式现代化的本质要求之一，并明确指出：“全过程人民民主是社会主义民主政治的本质属性，是最广泛、最真实、最管用的民主。”科学向善是将中国优秀传统文化的善政理念、人文关怀、以人为本和现代科学相结合，为规范和科学指明了一条中国式现代化的必经之路。民主为民、科学向善相结合，为世界人民指明了一条光辉大道，任重而道远。民主为民、科学向善应该是人类文明新形态的中国智慧，也是"实现中华民族伟大复兴进入了不可逆转的历史进程"必经之路。

民主为民，科学向善是结合中西文化各自的优势。为国家治理能力现代化提供的中国方案，众所知周的京张铁路，在"铁路之父"詹天佑的主持下，于1909年建成。这是中国首条不使用外国资金及人员，由中国人自行设计，投入营运的铁路。一百多年以后的2019年，京张高铁全线贯通，为第24届冬季奥林匹克运动会（简称2022年北京冬季奥运会）增添了光辉，让世界各国运动员见证了中国发展的速度和技术。这就是铁道兵志在四方精神的真实写照。

人类命运共同体需要"一带一路"的建设去厚植。人民日报·海外版于 2022 年 12 月 12 日刊发了一篇纪实文学《贡献中老铁路 讲好高铁故事》文章写道：它像一条钢铁巨龙，从中国云南的昆明蜿蜒而去，穿越磨盘山、哀牢山、无量山，跨过元江、阿墨江、把边江、澜沧江，最终延伸至老挝首都万象。它就是中老国际铁路，简称中老铁路，全长 1035 公里，由昆玉段、玉磨段、磨万段组成，历时近 11 年建设，于 2021 年 12 月 3 日全线建成通车。

　　作为"一带一路"旗舰项目之一，中老铁路本着共商、共建、共享的原则，广泛惠及两国人民。从此，山不再高，路不再远。据统计，在建设

阶段，中老铁路就已带动老挝当地就业 11 万人，帮助该国修建公路水渠近 2000 公里，带动当地原材料销售超过 51 亿元人民币。开通运行一年间，中老铁路累计发送旅客 850 万人次、累计运输货物 1120 万吨。铁路修到哪里，我们的中医应该造福到哪里，这也是"一带一路"对世界各国人民健康事业的巨大贡献。

面对"百年未有之大变局"，"民主为民，科学向善"是中华民族对世界人民贡献的智慧。这是厚植中国式现代化的内涵之一。我们一定要抱着成大事、操大心的态度去建功立业。功之所在，德之所在。功到成处，便是有德。事到济处，便是有理。这就是中华民族儒学精神的可贵之处。

启示与思考

谈谈你对"民主为民，科技向善"的理解。

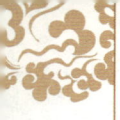

十二

中华文化对世界文化的贡献

现代科技的发展可谓一日千里。可是，在伟大的科学家爱因斯坦和西方大哲学家罗素看来，科学如果没有道德制约，其发展会让人堪忧。罗素在1955年7月9日于伦敦发表了《罗素—爱因斯坦宣言》，该宣言对核武器带来的危险深表忧虑，并呼吁世界各国领导人通过和平方式解决国际冲突："鉴于未来任何世界大战必将使用核武器，而这种武器威胁着人类的继续生存，我们敦促世界各国政府认识并且公开承认，他们的目的决不能通过世界大战来达到。因此，我们也要敦促他们寻求和平方法来解决相互间的一切争端。"

中国传统文化早就认识到了天人合一、敬畏天地、道法自然的重要性。对科学的态度是：正德、利用、厚生。科学的目的是什么？是让人类生活得更加美好，而不是破坏环境、毁灭环境和威胁人类。

人类文化的进程永远是一正压百邪。邪恶势力正如雾霾一样，只能嚣张一时，不能嚣张一世，这一点早已被历史证明。历史中虽然也出现过战争狂和邪恶的人，但是，他们最终的结果都是身败名裂、遗臭万年。道路虽然很艰难，但人类文明进程的主流趋势就是邪不压正，这是客观事实。这就是"尔曹身与名俱灭，不废江河万古流"的历史写照。

中西文化各有长处，也各有短处。中国文化长处在于人文政教，立德树人，重国家秩序和社会秩序、家庭秩序的良善建设，讲仁义道德、世道人心、天理良心。短处在于科技技术不足。西方文化长处在于科技发达，短处在于偏重物质享受、及时行乐、缺乏善政、仁政、人文、仁爱这些认知和观念。所以，中西文化都应该取长补短，相互学习，相互借鉴，为人类和平发展、和平相处做出贡献。

欧洲的面积和我国的国土面积差不多，可是，欧洲有几十个国家和地区。英国脱欧成功，紧接着面临英伦三岛的独立问题。试问欧洲如果走向一统，各民族之间可以减少多少征伐和麻烦？各种力量如果都践行中华传统文化"致中和，天地位，万物育""万物并育而不相害，道并行而不相悖"的理念，这才是世界各族人民所期盼的大同世界。

正如孙中山先生遗言所说的那样：必须唤起民众及联合世界上以平等待我之民族，共同奋斗。和平奋斗救中国。从辛亥革命到今天已经过去一百多年了。中国正在发生巨变，中华民族正走在民族复兴的道路上，和平友善、忠孝立国、济弱扶倾、视民如伤、天人合一、道法自然等富于智慧的观念就是中华文化给世界文化应有的贡献之一。香港著名作家金庸曾说：中华民族之所以这样壮大，靠的就是改革和开放，当我们遇到困难的时候，内部要积极进行改革，努力克服困难，改革成功了，我们的民族就会中兴，同时我们还要对外开放，这点更为重要，因为中国人有自信心，我们相信自己的民族很强大，外来的武力或外来的文化我们都不害怕。

理想很美好，道路很艰难，这就需要中华民族联合世界各族人民，合作共赢，互惠互利，求同存异，共同担负起为世界和平与发展做出贡献的使命和责任。

纵观中国历史的文化发展简史。可谓：文武之道，未坠于地。在人，贤者识其大者，不贤者识其小者。

孔子当时看到贵族不守礼。何谓礼？当时贵族讲礼指的是：保家、守身、安位。有治国之礼、有行军之礼。荀卿讲到，"礼者养也"。用我们现在的话解读就是：礼者，教养也。违礼就是违法。孔子看到当时诸侯礼崩乐坏，圣人到处去弘扬儒学。何谓儒者？儒者，就是人人需要的人；儒者，可以待聘、待问、待举、待取。这就是中国人一直喜欢供孩子读书的文化根基，可当时的诸侯国已经礼崩乐坏。孔子看到当时的政治和社会人心的乱象，是由于贵族阶层不守礼，百姓遭受苦难。孔子以礼矫正世道人心，是为了挽救政治和世道人心。孔子知道不行，于是变行道为传道，孔子弟子三千，贤者七十二。这些贤者到诸侯国当了宰相和部长，都有所建树，传承孔子以仁政为理念的治国策略。到战国末期，贵族阶级消灭了，士阶层崛起。士阶层起来参政议政，讲学传道之风兴起。这就是孔子被称为万世师表、文宣王、素王的文化原因。孔子是贫民阶级觉醒的代表。

孔子的政治思想核心内容是"礼"与"仁"，在治国的方略上，主张"为政以德"，用道德和礼教来治理国家。这种治国方略也叫"德治"或"礼治"。"祖述尧舜，宪章文武。"孟子讲仁政与善政。孟子根据战国时期的经验，总结各国治乱兴亡的规律，提出："民为贵，社稷次之，君为轻。"警示统治阶级要善待人民群众这一历史问题，对于国家的治乱兴亡，具有历史性的启迪。到战国末期，贵族阶级被消灭，士阶层起来拨乱世，到升平，天下无阶级之分，只有阶层之别。士、农、工、商四民社会已经确立起来。到千古一帝秦始皇建立秦朝时，都是这些士阶层群贤共治的结果。什么是士阶层？孔子定位："使于四方不辱君命，可谓士矣。"孔子的学生曾子说过："士不可以不弘毅，任重而道远"，曾子给士阶层定位是要自强和弘毅，自强和弘毅已经成为士阶层的一种精神感召。这种精神感召就是"士以天下为己任，任重而道远"。士阶层是以国家和天下为己任的。从春秋战国到秦统一的历史传承中，士阶层所起的作用无处不在。

到汉武帝时期，采纳董仲舒的建议：罢黜百家，独尊儒术，奠定了汉朝四百多年的江山社稷，为后世所敬仰和向往。

到魏晋时期，佛学东进，恰逢乱世，三百年间，学术趋于空谈清议，以竹林七贤为代表。由于政台衰败、道义扫地，士阶层趋于个人自我之觉醒，内心经历了由反省到觉醒的过程。道家、儒学、佛教相互交融，终于孕育了隋唐的统一。隋朝确立了科举制，确定了人才选拔的法定程序，完成了中华文脉的传承。到唐朝时中华民族又赢来了一个盛世。在这期间，佛教中国化，演变出天台宗、华严宗、禅宗。中国文化实现了同佛学的融合，这是中华历史文化史的一件大事。

历史走到五代时期，又逢乱世，到赵匡胤建立宋朝。北宋五子继承中华文脉大统、横空出世，有所建树。建立宋朝理学是为挽救中华文脉，使儒学再度发扬光大。将儒学、道家、佛学、禅宗升华为修齐治平、经邦济世、天理良心的理学体系。张载四句：为天地立心，为生民立命，为往圣继绝学，为万世开太平。为天地立心，实际上就是继承了孔孟的大道；这个天地之心，就是中华民族的文脉。就是规范政治、文化、生活的秩序这三大问题。

到1906年清政府废除科举制度。延续了一千三百多年的朝廷选拔人

第六章

子曰："舜其大知也与！舜好问而好察迩言，隐恶而扬善，执其两端，用其中于民。其斯以为舜乎！"

第七章

子曰："人皆曰予知，驱而纳诸罟擭陷阱之中，而莫之知辟也。人皆曰予知，择乎中庸而不能期月守也。"

第八章

子曰："回之为人也，择乎中庸，得一善，则拳拳服膺而弗失之矣。"

第九章

子曰："天下国家可均也，爵禄可辞也，白刃可蹈也，中庸不可能也。"

第十章

子路问强。子曰："南方之强与？北方之强与？抑而强与？宽柔以教，不报无道，南方之强也，君子居之。衽金革，死而不厌，北方之强也，而强者居之。故君子和而不流，强哉矫！中立而不倚，强哉矫！国有道，不变塞焉，强哉矫！国无道，至死不变，强哉矫！"

第十一章

子曰："素隐行怪，后世有述焉，吾弗为之矣。君子遵道而行，半途而废，吾弗能已矣。君子依乎中庸，遁世不见知而不悔，唯圣者能之。"

第十二章

君子之道费而隐。夫妇之愚，可以与知焉，及其至也，虽圣人亦有所不知焉。夫妇之不肖，可以能行焉，及其至也，虽圣人亦有所不能焉。天地之大也，人犹有所憾。故君子语大，天下莫能载焉；语小，天下莫能破焉。《诗》云："鸢飞戾天，鱼跃于渊。"言其上下察也。君子之道，造端乎夫妇，及其至也，察乎天地。

第十三章

子曰："道不远人。人之为道而远人，不可以为道。《诗》云：'伐柯伐柯，其则不远。'执柯以伐柯，睨而视之，犹以为远。故君子以人治人，改而止。""忠恕违道不远，施诸己而不愿，亦勿施于人。""君子之道四，丘未能一焉。所求乎子以事父，未能也；所求乎臣以事君，未能也；所求乎弟以事兄，未能也；所求乎朋友先施之，未能也。庸德之行，庸言之谨，有所不足，不敢不勉，有余不敢尽。言顾行，行顾言，君子胡不慥慥尔！"

第十四章

君子素其位而行，不愿乎其外。素富贵，行乎富贵；素贫贱，行乎贫贱；素夷狄，行乎夷狄；素患难，行乎患难。君子无入而不自得焉。在上位，不陵下；在下位，不援上。正己而不求于人，则无怨。上不怨天，下不尤人。故君子居易以俟命，小人行险以徼幸。子曰："射有似乎君子，失诸正鹄，反求诸其身。"

第十五章

君子之道，辟如行远必自迩，辟如登高必自卑。《诗》曰："妻子好合，如鼓瑟琴。兄弟既翕，和乐且耽。宜尔室家，乐尔妻帑。"子曰："父母其顺矣乎！"

第十六章

子曰："鬼神之为德，其盛矣乎！视之而弗见，听之而弗闻，体物而不可遗。使天下之人，齐明盛服，以承祭祀。洋洋乎！如在其上，如在其左右。《诗》曰：'神之格思，不可度思，矧可射思。'夫微之显，诚之不可掩如此夫！"

第十七章

子曰："舜其大孝也与！德为圣人，尊为天子，富有四海之内，宗庙飨之，子孙保之。故大德必得其位，必得其禄，必得其名，必得其寿。故天之生物，必因其材而笃焉。故栽者培之，倾者覆之。《诗》曰：嘉乐君

子，宪宪令德。宜民宜人，受禄于天。保佑命之，自天申之。'故大德者必受命。"

第十八章

子曰："无忧者其唯文王乎！以王季为父，以武王为子；父作之，子述之。武王缵大王、王季、文王之绪，壹戎衣而有天下。身不失天下之显名，尊为天子，富有四海之内，宗庙飨之，子孙保之。武王末受命，周公成文武之德，追王大王、王季，上祀先公以天子之礼。斯礼也，达乎诸侯大夫，及士庶人。父为大夫，子为士，葬以大夫，祭以士。父为士，子为大夫，葬以士，祭以大夫。期之丧，达乎大夫。三年之丧，达乎天子。父母之丧，无贵贱一也。"

第十九章

子曰："武王、周公，其达孝矣乎！夫孝者：善继人之志，善述人之事者也。春秋修其祖庙，陈其宗器，设其裳衣，荐其时食。宗庙之礼，所以序昭穆也；序爵，所以辨贵贱也；序事，所以辨贤也；旅酬下为上，所以逮贱也；燕毛，所以序齿也。践其位，行其礼，奏其乐，敬其所尊，爱其所亲，事死如事生，事亡如事存，孝之至也。郊社之礼，所以事上帝也；宗庙之礼，所以祀乎其先也。明乎郊社之礼、禘尝之义，治国其如示诸掌乎！"

第二十章

哀公问政。子曰："文武之政，布在方策。其人存，则其政举；其人亡，则其政息。人道敏政，地道敏树。夫政也者，蒲卢也。故为政在人，取人以身，修身以道，修道以仁。仁者，人也，亲亲为大；义者，宜也，尊贤为大。亲亲之杀，尊贤之等，礼所生也。（在下位不获乎上，民不可得而治矣。）故君子不可以不修身。思修身，不可以不事亲；思事亲，不可以不知人；思知人，不可以不知天。"

天下之达道五，所以行之者三。曰君臣也，父子也，夫妇也，昆弟也，朋友之交也：五者，天下之达道也。知、仁、勇三者，天下之达德也。所以行之者一也。或生而知之，或学而知之，或困而知之，及其知之一也。或安而行之，或利而行之，或勉强而行之，及其成功一也。子曰："好学近乎知，力行近乎仁，知耻近乎勇。知斯三者，则知所以修身；知所以修身，则知所以治人；知所以治人，则知所以治天下国家矣。"

凡为天下国家有九经，曰：修身也，尊贤也，亲亲也，敬大臣也，体群臣也，子庶民也，来百工也，柔远人也，怀诸侯也。修身则道立，尊贤则不惑，亲亲则诸父昆弟不怨，敬大臣则不眩，体群臣则士之报礼重，子庶民则百姓劝，来百工则财用足，柔远人则四方归之，怀诸侯则天下畏之。

齐明盛服，非礼不动，所以修身也。去谗远色，贱货而贵德，所以劝贤也。尊其位，重其禄，同其好恶，所以劝亲亲也。官盛任使，所以劝大臣也。忠信重禄，所以劝士也。时使薄敛，所以劝百姓也。日省月试，既禀称事，所以劝百工也。送往迎来，嘉善而矜不能，所以柔远人也。继绝世，举废国，治乱持危，朝聘以时，厚往而薄来，所以怀诸侯也。

凡为天下国家有九经，所以行之者一也。凡事豫则立，不豫则废。言前定则不跲，事前定则不困，行前定则不疚，道前定则不穷。

在下位不获乎上，民不可得而治矣。获乎上有道：不信乎朋友，不获乎上矣。信乎朋友有道：不顺乎亲，不信乎朋友矣。顺乎亲有道，反诸身不诚，不顺乎亲矣。诚身有道：不明乎善，不诚乎身矣。

诚者，天之道也；诚之者，人之道也。诚者，不勉而中，不思而得，从容中道，圣人也。诚之者，择善而固执之者也。博学之，审问之，慎思之，明辨之，笃行之。有弗学，学之弗能弗措也；有弗问，问之弗知弗措也；有弗思，思之弗得弗措也；有弗辨，辨之弗明弗措也；有弗行，行之弗笃弗措也。人一能之，己百之；人十能之，己千之。果能此道矣，虽愚必明，虽柔必强。

第二十一章

自诚明，谓之性。自明诚，谓之教。诚则明矣，明则诚矣。

第二十二章

唯天下至诚，为能尽其性。能尽其性，则能尽人之性。能尽人之性，则能尽物之性。能尽物之性，则可以赞天地之化育；可以赞天地之化育，则可以与天地参矣。

第二十三章

其次致曲，曲能有诚。诚则形，形则著，著则明，明则动，动则变，变则化。唯天下至诚为能化。

第二十四章

至诚之道，可以前知。国家将兴，必有祯祥；国家将亡，必有妖孽。见乎蓍龟，动乎四体。祸福将至：善，必先知之；不善，必先知之。故至诚如神。

第二十五章

诚者自成也；而道自道也。诚者物之终始，不诚无物。是故君子诚之为贵。诚者，非自成己而已也，所以成物也。成己，仁也；成物，知也。性之德也，合外内之道也，故时措之宜也。

第二十六章

故至诚无息。不息则久，久则征，征则悠远，悠远则博厚，博厚则高明。博厚，所以载物也；高明，所以覆物也；悠久，所以成物也。博厚配地，高明配天，悠久无疆。如此者，不见而章，不动而变，无为而成。

天地之道，可一言而尽也：其为物不贰，则其生物不测。天地之道：博也，厚也，高也，明也，悠也，久也。今夫天，斯昭昭之多，及其无穷也，日月星辰系焉，万物覆焉。今夫地，一撮土之多，及其广厚，载华岳而不重，振河海而不泄，万物载焉。今夫山，一卷石之多，及其广大，草木生之，禽兽居之，宝藏兴焉。今夫水，一勺之多，及其不测，鼋鼍鲛龙鱼鳖生焉，货财殖焉。

《诗》云："维天之命，於穆不已。"盖曰天之所以为天也。"於乎不显，文王之德之纯。"盖曰文王之所以为文也，纯亦不已。

第二十七章

大哉圣人之道！洋洋乎！发育万物，峻极于天。优优大哉！礼仪三百，威仪三千，待其人而后行。故曰苟不至德，至道不凝焉。故君子尊德性而道问学，致广大而尽精微，极高明而道中庸，温故而知新，敦厚以崇礼。是故居上不骄，为下不倍。国有道其言足以兴；国无道其默足以容。《诗》曰："既明且哲，以保其身。"其此之谓与？

第二十八章

子曰："愚而好自用，贱而好自专；生乎今之世，反古之道。如此者，灾及其身者也。"非天子，不议礼，不制度，不考文。今天下车同轨，书同文，行同伦。虽有其位，苟无其德，不敢作礼乐焉；虽有其德，苟无其位，亦不敢作礼乐焉。子曰："吾说夏礼，杞不足征也。吾学殷礼，有宋存焉。吾学周礼，今用之，吾从周。"

第二十九章

王天下有三重焉，其寡过矣乎！上焉者，虽善无征，无征不信，不信民弗从。下焉者，虽善不尊，不尊不信，不信民弗从。

故君子之道，本诸身，征诸庶民，考诸三王而不缪，建诸天地而不悖，质诸鬼神而无疑，百世以俟圣人而不惑。质诸鬼神而无疑，知天也；百世以俟圣人而不惑，知人也。是故君子动而世为天下道，行而世为天下法，言而世为天下则。远之则有望，近之则不厌。

《诗》曰："在彼无恶，在此无射。庶几夙夜，以永终誉。"君子未有不如此而蚤有誉于天下者也。

第三十章

仲尼祖述尧、舜，宪章文、武，上律天时，下袭水土。辟如天地之无不持载，无不覆帱，辟如四时之错行，如日月之代明。万物并育而不相害，道并行而不相悖。小德川流，大德敦化。此天地之所以为大也。

第三十一章

唯天下至圣，为能聪明睿知，足以有临也；宽裕温柔，足以有容也；发强刚毅，足以有执也；齐庄中正，足以有敬也；文理密察，足以有别也。溥博渊泉，而时出之。溥博如天，渊泉如渊。见而民莫不敬，言而民莫不信，行而民莫不说。是以声名洋溢乎中国，施及蛮貊。舟车所至，人力所通，天之所覆，地之所载，日月所照，霜露所队，凡有血气者，莫不尊亲，故曰配天。

第三十二章

唯天下至诚，为能经纶天下之大经，立天下之大本，知天地之化育。夫焉有所倚？肫肫其仁，渊渊其渊，浩浩其天！苟不固聪明圣知达天德者，其孰能知之？

第三十三章

《诗》曰："衣锦尚絅。"恶其文之著也。故君子之道，暗然而日章；小人之道，的然而日亡。君子之道，淡而不厌，简而文，温而理，知远之近，知风之自，知微之显，可与入德矣。

《诗》云："潜虽伏矣，亦孔之昭！"故君子内省不疚，无恶于志。君子之所不可及者，其唯人之所不见乎？

《诗》云："相在尔室，尚不愧于屋漏。"故君子不动而敬，不言而信。

《诗》曰："奏假无言，时靡有争。"是故君子不赏而民劝，不怒而民威于鈇钺。

《诗》曰："不显惟德，百辟其刑之。"是故君子笃恭而天下平。

《诗》云："予怀明德，不大声以色。"子曰："声色之于以化民，末也。"

《诗》曰："德輶如毛。"毛犹有伦。"上天之载，无声无臭。"至矣。

后 记

绵延中华优秀传统文化的智慧惠及群众，人人有责。

国学大师钱穆在《民族与文化》一书中告诫我们：读书人在乡村做土豪劣绅，跑到政府做贪官污吏，在历史上亦不可胜数。可是一部中国历史是由儒家精神、士的精神维持下来，这是不可否认的。这种精神发扬开来，这个时代就好，这种精神颓废了，这个时代就不好。

那么，绵延了几千年的儒家精神和士阶层精神的内核是什么？革命先行者孙中山在《三民主义》中已经给我们读书人指出来了：我们今天要恢复民族精神，不但要唤醒固有的道德，还要唤醒固有的智识。这就是《大学》中所说的格物、致知、诚意、正心、修身、齐家、治国、平天下。这就是我们政治哲学的智识中独有的宝贝，是应该要保存的。同时，孙中山在《三民主义》中还说：万不能丢失我们中华民族的文化根基，如忠孝、仁爱、信义、和平、济弱扶倾等观念。

"中国共产党一经诞生，就把为中国人民谋幸福、为中华民族谋复兴确立为自己的初心使命。一百年来，中国共产党团结带领中国人民进行的一切奋斗、一切牺牲、一切创造，归结起来就是一个主题：实现中华民族伟大复兴。"建党百年以来，能取得这样伟大的成就，就是汲取和弘扬了中华文化士阶层的精神，组织有方、组织优良，群贤毕至，群贤共治，践行了"士不可以不弘毅，任重而道远"。弘毅什么？当然包括实现中华民族伟大复兴、为中华崛起而读书、仁人志士为追求民族独立、国家富强、仁政善政、善治良法、公平正义的社会而奋斗。

伟大领袖毛泽东主席教导我们：中国对世界有三大贡献，中医是第一。1954年6月5日，毛泽东与北京医院院长周泽昭等谈话时说："对中医问题，不只是给几个人看好病的问题，而是文化遗产的问题。要把中医提高到对全世界有贡献的问题。"千秋伟人毛主席这样表扬中医是有深刻的历史眼光和文化背景的。中国传统社会对医生的定义是：不为良相，便

为良医。从以上这些伟大的历史人物对五千多年的中华文化的总结和提炼中，我们对中华文化的精神应该有一个基本的概念。儒家、士阶层、中医是中华文化的重要代表。什么是士阶层精神？《论语》定义为：行己有耻，使于四方不辱使命，可谓士矣。曾子这样理解士阶层的含义：士不可以不弘毅，任重而道远。孟子解读：有一乡之士、有一国之士、有天下之士。我们今天的读书人就是传统社会的士阶层，士阶层担负的使命与责任是自强和弘毅，任重而道远，而不是精致的利己主义者。这是中国传统士阶层给我们的启示。

面对百年未有之大变局，我们更应该弘扬和绵延中华传统文化士阶层的精神。这种士阶层的精神记载在《大学》《论语》《孟子》《中庸》之中。"经"者，"径"也。读经典的经书可以让我们寻找到人生的使命和天命所在，这种使命和天命就是人生的曙光所在。面对复杂的社会变化，我们如何寻找到人生的大道和使命？道是什么？王阳明说：道即是良知。大道之行，天下为公。如果寻找到了自己的人生大道，用孟子的话说就是："虽千万人吾往矣。"存天理，致良知就是读书人起码的道德修养，将这种道德修养惠及群众，视民如伤，造福一方，就能真正地理解和践行"以人民为中心"的执政理念，也是各级官员和读书人能成就锦绣文章的基本价值观念。

用传统文化儒、释、道的精神来救心，用中医药文化的精神来救命，用中西医结合来造福人类的健康事业，这些都是拯救世道人心、治病救人的千秋大业，需要社会各阶层的觉悟，在《〈大学〉青少年版》《〈中庸〉的智慧》出版的过程中，得到了中国少数民族文物保护协会中华民族共同体教育研究院、启明公益基金会、西北实业家的鼎力支持。再次向支持、鼓励、弘扬、绵延中华优秀传统文化的挚友一并致谢。

王兆雷
2023 年 1 月 15 日于北京